LAURA ARMANINI

MANUALE DEL SALDO E STRALCIO IMMOBILIARE PER IL DEBITORE

La Tua Cassetta Degli Attrezzi Per Liberarti Dalla Morsa Dei Debiti e Costruire Una Nuova Vita Finanziaria

Titolo

Manuale del saldo e stralcio immobiliare per il debitore

Autore

Laura Armanini

Editore

Bruno Editore

Sito internet

http://www.brunoeditore.it

Sommario

A Dodo e Marco

"*Bisogna sempre lasciare accumulare i propri debiti, per potere poi venire ad una transazione*"

GUY DE MAUPASSANT

Prefazione di Alfio Bardolla

Questo è il secondo libro di Laura e come tutte le persone che ottengono grandi risultati ad un certo punto nella loro vita sentono il bisogno di condividerli con gli altri.

Non posso che essere super felice e onorato nella possibilità di condividere con voi la prefazione. Fiero testimone di questa evoluzione e crescita professionale di una donna che ha dimostrato negli anni di mettere a frutto tutto quello che ha imparato nella formazione.

Molto spesso le persone frequentano corsi e non applicano, la formazione senza l'azione e l'applicazione nella quotidianità non serve assolutamente a nulla.

Questo libro vi ispirerà così come ha ispirato me, e conferma che Laura è una grande professionista. Vi invito a seguire tutti i suoi consigli frutto della sua preparazione ed esperienza quotidiana.

In questo libro traspare ulteriormente la sua grande voglia di fare e di aiutare il prossimo, mai ferma, sempre a pensare e creare lo step successivo per crescere e aiutare gli altri in un modo sempre più organizzato e strutturato con un occhio di riguardo all'etica professionale che la contraddistingue.

Quindi avanti tutta ragazzi e ricordate: la cosa importante non è da dove partite ma dove volete arrivare.

Alfio Bardolla

Introduzione

È proprio vero, basta scrivere il primo libro che voilà dopo pochi mesi hai già la necessità di andare avanti e raccontare qualcosa di più. Indubbiamente questo periodo storico che ci obbliga a restare molto tempo tra le mura domestiche aiuta a riflettere e pensare, soprattutto se non stai tutto il giorno a farti rimbambire da Netflix.

Anche voi lettori mi avete aiutato a fare delle riflessioni in merito al mio percorso di crescita personale, ai miei sogni, ai miei obbiettivi raggiunti e a tutto ciò che invece sto sognando e progettando. A vent'anni ho fondato la mia prima onlus, "La rosa blu", che si proponeva di sostenere e aiutare gli anziani lasciati soli nella casa di riposo del paese dove vivevo. Un piccolo progetto che è stato ampliato da chi è venuto dopo di me, quando io mi sono trasferita nel modenese.

Qualche anno fa ho fondato insieme al mio compagno un'altra onlus, "Associazione Rodolfo Bonetto", che tramite la diffusione della cultura del design crea progetti di aiuto a categorie in difficoltà fisica o affette da malattie degenerative. Nel primo

progetto ho messo l'Armanini giovane e sognatrice, quindi l'obiettivo era di distribuire amore e sostegno a persone parcheggiate in una struttura assistenziale per anziani, da figli e nipoti.
Nel secondo, con la maturità dell'età e dell'esperienza, ho dato un contributo importante e maturo così siamo riusciti a creare un progetto che vuole aiutare le persone in difficoltà sia da un punto di vista affettivo, psicologico sia economico creando una catena di contatti e di eventi.

Questi gruppi di persone attraverso la cultura e la crescita personale regalano momenti di aiuto a chi si è visto negare dalla vita una salute serena. Molti episodi, aneddoti, articoli di giornale, informazioni inedite e curiose, li potrai trovare sul sito nell'area segreta di questo libro, e nelle ultime pagine ti svelerò come accedere a questi contenuti esclusivi.

Questa sindrome di Madre Teresa di Calcutta (altra sfaccettatura del magico mondo dell'Armanini) mi ha portato a pensare: "perché non lanciare una possibilità di speranza a chi è dentro al tunnel dei debiti? Perché non provare ad accendere una piccola torcia per chi, pur nelle difficoltà, pur senza un soldo, abbia voglia di risollevarsi e di ripartire?" Passare da meno uno a più uno è il passo più difficile o come si dice, "difficile è fare il primo milione di euro gli altri vengono da soli". Così ho pensato di creare una "cassetta degli attrezzi" per chi è sommerso dai debiti, per chi non vede una via d'uscita, per chi oramai non si fida più della gente perché ha perso la fiducia anche in sé stesso.

Quando si è nel baratro dello sconforto vengono i pensieri più brutti, che non mi sento neppure di nominare perché io credo che a tutto c'è una soluzione, c'è un modo di ripartire, basta non mollare mai. Però bisogna chiedere aiuto. Non possiamo sempre pensare di farcela da soli o peggio ancora con i consigli del "cuggino" o dell'estetista oppure del tuttologo del bar sotto casa.

Ognuno faccia il suo e cerchi di farlo nel migliore dei modi, ma i tuttologi non mi interessano e non devono interessare neppure a voi. Comunque anche per cercare e chiedere aiuto bisogna sapere cosa cercare e cosa chiedere e soprattutto a chi chiedere.
È facile dire, fatti aiutare, ma come? Da dove comincio? A chi mi rivolgo?

Quando la sera non dormi perché i pensieri ti attanagliano la testa, perché non sai cosa fare il giorno dopo, pensi che non ci siano possibilità e forse non sai come dar da mangiare ai tuoi figli, oppure arrivare a fine mese sembra un'impresa impossibile, ecco: come fai a pensare di chiedere un aiuto strutturato consapevole del suo contenuto? Certo, l'unica cosa che può venire in mente in quel momento è "prestami 50 euro che non ho nulla da mangiare".

Un po' come la storiella che dice se io ti do un pesce oggi ti nutro per un giorno, ma se io ti insegno a pescare ti nutro per tutta la vita. Ecco, io oggi voglio avere la presunzione di poterti fornire informazioni utili affinché, se hai problemi finanziari o la casa in esecuzione, tu possa trovare una possibilità concreta per cambiare totalmente il tuo futuro.

Voglio aiutare queste persone a uscire dal tunnel, voglio che questo libro sia il loro miglior investimento per un futuro migliore. Ho pure la presunzione di avere le nozioni e le competenze tecniche per poter fare questo passo. Per poterti indicare una strada affinché tu possa aiutare te stesso.

Non è un obbiettivo ambizioso, è un obbiettivo raggiungibile se tu che stai leggendo ti trovi in una situazione debitoria importante e hai fermamente deciso di cambiare radicalmente la tua condizione e di fare tutto il necessario, tutti i passi che devi per cambiare in meglio quella condizione. Quindi come puoi capire, io da sola posso fare ben poco, il protagonista di questo libro, di questo percorso, sarai solo tu e solo se lo vorrai.

Per tornale alla nostra allegoria: dovrai montare la canna da pesca, recarti al fiume e iniziare tutte quelle procedure necessarie per avere nel secchio il tuo pasto. Non è una pozione magica, anche se è entrare nel "magico mondo dell'Armanini" dove Lei è convinta che tutti possono farcela se solo lo vogliono e alzano le *ciappett'* per ottenerlo.

Quindi anche questo è un cammino, un percorso che qualsiasi persona che ha dei debiti, o ha la casa in asta, può iniziare, girando così una pagina nera e cambiando il finale del libro della sua vita.

Dammi la mano e inizia questo percorso, di certo non potrò essere esaustiva per tutti, cercherò di illuminarti un tratto di strada, cercherò di accendere il fuoco della possibilità e la curiosità di cercare la tua strada. Tu studia, documentati, ogni spunto che trovi in questo libro può essere approfondito, implementato e internet ti aiuterà sicuramente a trovare le risposte che nell'immediato non saranno qui scritte.

Cercherò di metterti sulla strada affinché tu possa uscire dai debiti, io ti prometto che lo farò al meglio, e tu promettimi che farai al meglio la tua parte. Unisci le informazioni che trovi in questo libro con le informazioni del libro precedente sugli stralci immobiliari, sono complementari per certi aspetti: il problema visto da due angolazioni diverse.

Nel primo libro stimolo a diventare investitori immobiliari attraverso il saldo e stralcio cercando di aiutare persone in difficoltà, oggi vado ad analizzare come l'esecutato, l'indebitato può agire al meglio per uscire dalla morsa dei debiti e risalire la china, può aiutare sé stesso individuando anche le ancore a cui aggrapparsi o le persone competenti sulle quali fare affidamento.

Sarò felice di sapere che la lettura ti ha portato a capire che ci

sono delle possibilità e che prima di arrendersi bisogna lottare fino alla fine.
Gli spunti che troverai in questo libro possono essere molto validi ed efficaci anche per debiti non prettamente legati al mondo immobiliare. E' vero che quello è oramai il mio mondo per eccellenza, la mia passione, è vero anche che non posso dimenticarmi che i debito possono essere anche di natura diversa e comunque possono sempre essere affrontati.

Quindi stai sempre allerta e cerca di assimilare tutte le nozioni che sono pronta a snocciolare per te. Attenderò i tuoi feedback, perché lo so, se applicherai passo per passo i miei suggerimenti non potrà che essere un successo.

Nelle ultime pagine del libro trovi tutte le istruzioni per metterti in contatto con me e con tutto lo staff dei professionisti che collaborano nel progetto di saldo e stralcio. Vogliamo essere presenti e concreti e cercheremo sempre di fare del nostro meglio.

Provarci, riprovarci e mai mollare.
Arrendersi, mai.

Capitolo 1:
La consapevolezza di sé stessi

È strano vero? Dobbiamo capire come risolvere e chiudere i debiti nel miglior modo possibile e io ti parlo di consapevolezza di sé stessi. Non sono impazzita, dobbiamo iniziare un percorso. E quando imposti una strada, la prima cosa che devi fare è individuare dove ti trovi, per cui Ti chiedo: come possiamo trovare la strada da percorrere se non sappiamo dove ci troviamo e da quale punto partiamo?

Se accendi il tuo navigatore e vuoi raggiungere la tua meta, dovrai impostare necessariamente due dati: dove ti trovi e dove vuoi arrivare. Quindi il primo passo è capire in quale punto della tua vita finanziaria, in questo caso debitoria, ti trovi.

Hai i debiti, la casa è già in asta? Oppure hai ricevuto la prima diffida ad adempiere dalla banca? Hai investito tutto in un'attività che non rende? Pensavi di poter diventare un grande imprenditore invece le banche ti scrivono ogni giorno? Piccoli spunti, solo tu puoi individuare esattamente qual è la tua situazione attuale. Da qui devi partire. Dato che io ho anche la sfera di cristallo, so benissimo che ti stai chiedendo, facile da dire ma come faccio? La prima cosa è fare ordine. Sì, hai capito bene, devi fare ordine intorno a te: io lo so perfettamente che da molto tempo non apri la posta, accumuli bollette nel cassetto quello in fondo, il più nascosto e cerchi di scordarti le scadenze dei pagamenti.

Bene, tutto ciò da oggi finisce, almeno vorrei che tu prendessi un impegno con te stesso e virtualmente con me. Ora ti dico, e con un bel imperativo ti invito a incominciare a fare ordine in tutte le carte che hai nascosto nei cassetti, in tutta la posta che hai "archiviato" in qualche angolo senza neppure aprirla.

Metti in pausa il libro e prenditi tutto il tempo che ti serve, so che per certi aspetti e in certi momenti la percepirai come una violenza, ma è da fare assolutamente.
Siediti, raduna tutti i documenti e inizia a metterli in ordine cronologico: partendo dal primo che hai ricevuto fino all'ultimo. Non è necessario in questa fase che tu ti perda a leggerli così da angosciarti. Questo deve essere solo un lavoro fisico. Non è

importante il perché sei arrivato in questa situazione, quindi evita di flagellarti e occupati solo di creare il "puntozero". Questo sarà il tuo punto di partenza e lo sarà solo ed esclusivamente con i documenti: cerca di lasciar andare le colpe, ora servono i numeri, quelli veri.

Eh sì, in tutti questi trenta anni di lavoro (il tempo vola) molti clienti che si sono rivolti al mio studio per problemi aziendali (potrei dirti tutti) hanno sempre barato sul numero e sul valore dei debiti: alla domanda: "Va bene, ma di che somma parliamo? A quanto ammontano i tuoi debiti?" la risposta sistematica è sempre abbattuta del 50%. Quindi: "Sai avrò circa 10 mila euro di debito con la banca e 2 mila euro con il condominio".

Poi carte alla mano la banca aveva notificato 50 mila euro e il condominio 10 mila. Io lo so, sono abituata. Lo so, anche questa è esperienza.

Pertanto ti dico, non perdere più tempo, ti ho già detto che il tempo vola e forse ne hai già buttato via abbastanza, quindi andiamo subito al concreto. L'approccio e la gestione del problema sono gli aspetti più importanti che guidano il nostro risultato finale. Detto questo è facile comprendere come può essere normale volerci illudere e sminuire il problema: in questo modo pensiamo sia più sopportabile, in realtà per affrontarlo dobbiamo accettarlo nella sua interezza, poi farlo a pezzi e distruggerlo. Quindi accetta da subito il numero che ne uscirà, accetta gli errori che hai fatto, tanto il passato non lo puoi cambiare, accetta di darti una possibilità.

Ti assicuro che già accettare sé stessi è tanta roba. Certo, la consapevolezza è come risvegliarsi da un torpore che ti ha reso inerme e incapace di pensare in modo diverso. Quindi, immagino, anzi lo spero vivamente che tu abbia interrotto la lettura per aprire quel cassetto in fondo all'armadio ove hai buttato e nascosto tutto ciò che ti fa male leggere. Tutte quelle buste verdi, tutte quelle notifiche che stanno facendo il loro corso comunque.

Che tu le apra, che tu legga o meno, quelle lettere, o comunque le notifiche – che non sono altro che un portare alla tua conoscenza un certo tipo di azioni intraprese da altri nei tuoi confronti – stanno facendo comunque la loro strada.

Ora hai creato una bella cartellina colorata con tutta la

corrispondenza e la documentazione ricevuta, riordinata in ordine cronologico. Un grande sforzo, ma credimi ne varrà la pena.
Il passo successivo è leggere queste carte, una prima volta anche da solo. Magari non capirai tutto, però inizi a farti un'idea anche approssimativa, vaga di cosa ti hanno scritto. Sarebbe necessario leggere tutto, bene e con calma e trovare i numeri.

Questo step è fondamentale per poter comprendere quale strada intraprendere per risanare la situazione. Non ho la pretesa che sia tu a farlo, ti spiegherò più avanti che puoi avvalerti di professionisti competenti che possono supportare in questa fase, anzi tu hai il dovere verso te stesso di farti aiutare. Non puoi certo trovare la soluzione dei tuoi problemi mettendo in campo le stesse risorse che hai utilizzato per crearli.

Un passo dopo l'altro vedrai che usciranno gli attrezzi giusti da questa cassetta che stiamo esplorando insieme.
Importante è che tu ti assuma la responsabilità di voler veramente cambiare la situazione e la strada da percorrere.
Aprire quel cassetto e riordinare le carte simbolicamente deve rappresentare per te l'accettazione di te stesso e delle tue

esperienze, della tua immaturità pregressa, l'accettazione di una situazione difficile, e soprattutto la fervida volontà di trovare la miglior soluzione possibile per buttare il passato e la negatività alle spalle e per ricominciare una nuova vita.
Se tutto questo ti è chiaro, andiamo avanti: abbiamo ancora un po' di strada in salita.

Ti è costato tanta fatica, lo so, come vedi non sei solo e io ti capisco, capisco come ti senti e non piace neppure a me.
L'hai fatto e sono fiera di te per questo.
Let's go.

RIEPILOGO DEL CAPITOLO 1:

- SEGRETO n. 1: Affronta a testa alta le situazioni della tua vita, prendi consapevolezza di ciò che è successo e accetta tutto di te, anche gli errori. Tutti commettiamo errori, l'importante è assumersi le proprie responsabilità e guardare in faccia ciò che dobbiamo affrontare.
- SEGRETO n. 2: Smetti di nascondere tutto ciò che non vuoi vedere, apri la corrispondenza e prendi tutti i documenti che possono aiutarti a ricostruire la tua situazione debitoria. Lasciarli chiusi nel cassetto non è utile per fare la chiarezza di cui hai bisogno.
- SEGRETO n. 3: La mentalità che ti ha portato a costruire questa situazione debitoria non può essere la stessa che ti consentirà di demolirla. Quindi cerca nuove risorse e accetta di farti aiutare da chi sa come agire al meglio.

Capitolo 2:
La consapevolezza del proprio percorso

C'è una frase che adoro. «Il denaro prima si guadagna nella testa e poi arriva nelle tasche». È una frase che sento molto mia e che da oggi deve diventare il mantra per te che leggi e che hai difficoltà finanziarie in questo momento. Per favore, entra nel mio magico mondo, seguimi. Tutto ha un senso.

Questa frase la possiamo usare anche per risolvere il momentaneo blackout finanziario: «La questione debitoria prima si risolve nella testa e poi nelle tasche». Lo so stai pensando: «Facile da dire… ma da dove comincio?». Questa è un'ottima domanda e la risposta è ancora più semplice: parti da dove ti trovi.

Dove ti trovi l'abbiamo appena scoperto. Hai la tua cartellina con tutta la tua situazione dentro. Certo, come ti ho detto stiamo intraprendendo un viaggio avventuroso, non sappiamo quasi nulla del percorso, come sarà, cosa troveremo, quanto durerà. Però sappiamo dove ci troviamo: nel paragrafo precedente ci siamo smazzati tante buste e tanti documenti. Abbiamo elementi che ci danno le coordinate della nostra situazione, quindi ora possiamo analizzare ed elencare ciò di cui presumibilmente avremo bisogno; forse qualcosa reperiremo lungo il viaggio, ma di certo partire con i punti principali ben chiari ci aiuta molto.

Prima cosa impariamo a guardarci intorno, usiamo occhi curiosi che non si fermano davanti alle apparenze, scaviamo e creiamo una mappa precisa e dettagliata di dove ci troviamo. Prendiamo nota anche di ciò che ci sembra inutile e superfluo, se l'abbiamo visto forse così inutile non è. Poi iniziamo a tracciare una linea ipotetica che unisce dove siamo con l'obbiettivo a cui vogliamo arrivare.

La nostra meta la conosciamo bene, è il nostro obbiettivo quindi siamo in grado di descriverlo esattamente in ogni particolare. La strada è ipotetica, potremo trovare delle insidie lungo il percorso, potremo trovare dei rallentamenti, forse dovremo fare qualche deviazione. Cerchiamo di prevedere quanto più possibile. Ecco perché dobbiamo prepararci e portare con noi tutto ciò che potrebbe servirci a semplificare questo tragitto.

Il nostro cervello ci può aiutare molto in questo: se gli dai una meta precisa ti aiuterà a farti trovare sul cammino elementi che tu dovrai riconoscere e utilizzare all'uopo. Inizia a credere che si può fare e che lo puoi fare, è gratis.

E ti aggiungo un altro piccolo tassello curioso della mia vita. Molti anni fa, eravamo agli inizi del 2000, io mi immedesimavo molto nelle problematiche dei miei clienti e a volte soffrivo per loro più del dovuto: tutti i problemi, difficoltà dei miei clienti diventavano miei e io mi portavo fardelli di pensieri che mi mettevano molto a disagio.

Se non potevano pagarmi perché afflitti dai debiti non emettevo le fatture, se l'azienda aveva dei problemi restavo ore con loro a cercare una soluzione affinché le cose potessero migliorare. Ero sempre stanca, piena di angosce e pensieri.
Poi un giorno incontrai un'amica che mi raccontò della sua esperienza con una psicoterapeuta e di quanto erano migliorate la sua vita e la sua lucidità nel guardare i fatti della vita. Senza pensarci due volte chiamai questa donna meravigliosa e iniziai anch'io a vedere un po' meglio ciò che mi accadeva intorno, ma

soprattutto spostai la mia posizione e la mia prospettiva. Invece che immergermi nei problemi dei miei clienti iniziai a cercare l'angolazione migliore affinché io potessi trovare la miglior soluzione per loro.

Iniziai un percorso di crescita personale (una volta iniziato non ha mai fine) che avrebbe aiutato me a capire meglio i miei clienti entrando in empatia ma contemporaneamente prendendo le distanze dal coinvolgimento emotivo mantenendo la lucidità necessaria. Fu così che iniziai il mio percorso nella PNL.

Ma non mi bastava, non mi "sentivo abbastanza". Non mi sentivo sufficientemente preparata e pertanto frequentai un master in counselling sistemico-relazionale della durata di 3 anni. Esperienza meravigliosa che ha portato un valore aggiunto alla mia vita sia in termini di competenze specifiche sia in termini di soldoni.

Questo percorso mi ha dato gli strumenti indispensabili per evitare il coinvolgimento emotivo con i miei clienti, per restare esterna e lucida, così da poter analizzare e intervenire nelle loro aziende con maggiore determinazione e incisività. Soprattutto ho imparato un assioma imprescindibile: se l'azienda ha un problema è perché l'imprenditore o titolare ha un problema. Quindi molte volte prima di intervenire con strategie aziendali ho iniziato a intervenire sulle convinzioni e sulle modalità comportamentali di quest'ultimo e ti assicuro che i risultati sono stati sorprendentemente positivi.

Questo ha cambiato il mio modo di lavorare anche negli anni successivi. Mi ha portato a essere abbastanza distaccata da guadagnare malgrado i problemi che mi venivano rovesciati sulla scrivania. Questo effettivamente mi è stato di grande aiuto e i veri benefici li hanno avuti i miei clienti, perché spesso so riconoscere se una situazione di difficoltà aziendale o finanziaria parte dal mercato (quasi mai) o dall'approccio psicologico e/o emotivo dell'imprenditore (praticamente sempre).

Cosa voglio dirti raccontandoti questo mio percorso? Che le persone fanno quello che possono con quello che hanno a disposizione. Io non conoscevo altri modi di ascolto e pertanto assorbivo ogni lamentela, ogni problema come una spugna.

Trovato e imparato il giusto strumento ho imparato a canalizzare e gestire problemi e lamentele senza che diventassero un fardello sulle mie spalle e soprattutto ho cercato di trasformarli in "elementi" smontabili e distruggibili da parte dell'imprenditore. Questa mia esperienza di vita per dirti che se hai dei debiti e magari la casa ipotecata e pignorata, sicuramente hai sbagliato qualcosa, hai perso di vista qualche elemento della tua vita.

Quindi anche tu hai la possibilità di imparare qualcosa che può cambiare la tua situazione.
Tutti sbagliamo e tutti abbiamo la possibilità e soprattutto il dovere verso noi stessi di ribaltare la situazione, o per lo meno abbiamo la chance di provarci. E già questo porterà un cambiamento.

Quindi, dopo la consapevolezza di dove sei, dopo aver capito che la corrispondenza non va buttata via, anzi, va aperta, ordinata e conservata, è necessario che tu impari qualcosa di nuovo.
Come diceva Einstein: "*Non puoi risolvere un problema con lo stesso tipo di pensiero che hai usato per crearlo*". Quindi per contestualizzarlo nel nostro argomento possiamo dire che la

strategia mentale che ti ha portato a creare il default finanziario non può essere la stessa per venirne fuori. Pertanto, come ho fatto io moltissimi anni fa, è necessario che tu inizi a raccogliere informazioni nuove e diverse da quelle che hai.
Ti suggerisco di mettere da parte anche certe convinzioni come: "La banca mi ha truffato", "Il mio datore di lavoro è un delinquente mi ha licenziato senza motivo", "La gente è cattiva". E le frasi che preferisco: "Tutti ce l'hanno con me", "Mi odiano".

Non voglio dire che il tuo datore di lavoro fosse un santo, magari era un delinquente, ma tu non puoi mettere la tua vita finanziaria nelle mani di qualcun altro. Magari qualcuno ti odia, e va bè ci sta. E poi, che ti importa degli altri? Pensi che io sia simpatica a tutti? Che non abbia mai ricevuto sgambetti? Ti dico la verità, ne ho ricevuti e ne ricevo, ma non mi importa. Io sono "abbastanza".

Io e te non abbiamo bisogno del giudizio altrui, abbiamo bisogno solo di noi stessi. È il momento di buttare via le tue vecchie convinzioni. Va bene, stai pensando, ma chi è questa qui per dirmi queste cose? Se non lo vuoi fare va bene lo stesso, però almeno per il tempo di lettura di questo mio libro, ti chiedo la cortesia di farlo. Ti chiedo di provare a credermi e seguirmi in questo percorso, tanto il libro lo hai preso e non ti costa nulla di più. Tu devi essere il responsabile unico della tua vita finanziaria, quindi potresti iniziare a tenere un business plan famigliare e vedere come gestisci le tue entrate.

Sai, ci sono cose che non ho mai capito: cambiare il cellulare ogni anno quando non è il tuo strumento di lavoro, cambiare il numero o l'operatore telefonico ogni sei mesi, pranzare e cenare fuori casa con cadenza quasi quotidiana – se hai uno stipendio fisso e non sei un imprenditore che fa pr con clienti – e poi, magari fai pure il finanziamento per i mobili di casa.

Ora, non voglio giudicare, di certo una come me che ha più di seicento paia di scarpe tacco 12 nell'armadio (assolutamente utili e indispensabili), non ha certo motivo di poterlo fare.

Le collezioni, gli sfizi te li puoi togliere dopo aver tolto tutto il debito malsano che ti circonda. Voglio semplicemente invitarti a cambiare comportamento e a tenere sotto controllo e monitorare ogni mese il tuo flusso di cassa.

Lo so porterà un bel terremoto nella testa di chi ha queste

abitudini. Inizia a segnare tutto su un'agenda, un foglio Excel. Scrivi la data e ogni spesa quotidiana, mi raccomando, conserva anche gli scontrini e a fine mese fai i totali e vai a guardarli. Ti svelo un altro segreto personale, quando io feci questo "esercizio", molti anni fa, tagliai tutte le carte di credito e mi diedi un budget mensile di spesa. Finito il buget dovevo aspettare il mese successivo per fare acquisti. Ti ho portato un esempio, se tu hai dei debiti scoprirai presto con questo sistema dove si trova la tua falla e potrai iniziare a creare una nuova abitudine per migliorare le tue finanze.

Sarà sicuramente utile anche fare qualche giro virtuale sulla più grande biblioteca del mondo che è Google e cercare strumenti nuovi a te fin ora sconosciuti per non scialacquare. Poi magari da lì capire, imparare anche che vi sono possibilità di apprendere strategie per svolgere attività durante il tempo libero, trading, flipping immobiliare, saldo e stralcio, dove anche senza capitale iniziale si possono creare entrate extra.

Poi volendo puoi cercare informazioni per risolvere il tuo problema e magari riesci anche a trovare il modo per risolverlo da solo. Per esperienza ti posso dire che sarebbe molto meglio che tu utilizzassi le competenze acquisite per effettuare il discernimento del professionista della gestione del debito al quale deciderai di affidarti. Il motivo è molto semplice, l'aspetto emotivo sarà destabilizzante nella gestione delle tue problematiche finanziarie. Il coinvolgimento toglie la lucidità necessaria per poter trattare nel migliore dei modi e per poter realizzare il miglior risultato. Le informazioni assunte ti saranno molto utili per "sgamare" l'approfittatore, il finto professionista, l'improvvisato investitore immobiliare che millantando competenze inesistenti potrebbero crearti ancora più problemi di quelli che già hai sulle spalle.

Poi nel prossimo capitolo ti darò alcune dritte che saranno molto utili per individuare la persona adatta per aiutarti, ora voglio farti riflettere ancora un attimo sulle tue convinzioni e invitarti a metterle da parte, a essere ricettivo a fidarti di ciò che ti racconto. Ora, ti ho già detto che non ti chiedo soldi, il libro lo hai già pagato, quindi apprendere concetti nuovi e strategie diverse magari andrà a conferma della frase di Einstein.

Quindi se non vuoi credere a me, credi a lui che proprio uno scemo non è stato. Datti una possibilità e cerca di imparare qualcosa di diverso e applicalo, guarda il mondo con occhi diversi e cerca di compiere azioni diverse: di conseguenza i tuoi risultati saranno diversi da quelli che hai ottenuto fino a questo momento. Lo so non è facile, ma io non ti ho mai detto che uscire dai debiti sia facile, la strategia è semplice ma va applicata. Acquisire informazioni per cambiare modo di pensare, per cambiare mentalità: sicuramente ti viene spontaneo insultare il Governo perché fa leggi che non ti piacciono, oppure il Fisco che è troppo pesante e ti fa pagare troppe tasse, oppure il tuo datore di lavoro che non ti paga abbastanza.

Se provi a mettere le tue energie su punti di vista differenti, se provi a focalizzarti su altre cose, magari positive, ti troverai a percorrere una strada diversa che ti avvicina sicuramente alla soluzione dei tuoi blocchi.
Prova a guardare te stesso e ciò che ti succede da angolazioni diverse, inizia a tenere un piccolo diario della quotidianità.

Inizia a scrivere, per ogni azione che devi compiere, che nuova risorsa puoi mettere in campo per farla in un modo diverso rispetto a come agisci d'istinto o per abitudine.

Aggiungi un pensiero positivo all'interno del tuo modo di pensare e prova a fare qualcosa di diverso cercando di imparare qualcosa ogni giorno che possa arricchire la tua cassetta degli attrezzi. Non voglio parlare di problemi, voglio parlare di ostacoli che hai sul tuo cammino e che puoi rimuovere con tanto impegno, raccolta di informazioni e con il supporto dei professionisti adatti.

Al motto di: solo alla morte non c'è rimedio. Ti assicuro che una soluzione si trova e chissà, magari puoi trovare la tua illuminazione proprio alla fine di questo libro.

RIEPILOGO DEL CAPITOLO 2:

- SEGRETO n. 1: Il denaro prima lo guadagni nella testa e poi nelle tasche.
- SEGRETO n. 2: Se le tue finanze hanno un problema è semplicemente perché tu hai una difficoltà nel gestirle. I fattori possono essere molteplici, non ti interessa capirli ma cambiarli sì.
- SEGRETO n. 3: Smetti di lamentarti, tanto non serve a nulla.
- SEGRETO n. 4: Impara e documentati su tutto ciò che non conosci e ritieni utile al raggiungimento del tuo obbiettivo.
- SEGRETO n. 5: Applica un piccolo cambiamento ogni giorno e vedrai grandi cambiamenti nel lungo periodo.

Capitolo 3:
Come funziona il saldo e stralcio del debito

Fermo restando che è assolutamente tuo dovere informarti il più possibile, anche attingendo da fonti diverse – e, come ti ho detto, il mondo del web ti può dare una grande mano – ed è importante che tu vada a trovare conferme da altre fonti relativamente alle mie affermazioni. Io qui intendo farti comprendere alcuni passaggi essenziali e imprescindibili che dovrai tener presente per poter affrontare e risolvere la tua situazione debitoria.

Porre attenzione a qualsiasi informazione senza pregiudizio e iniziare una cultura della gestione delle tue finanze personali è un dovere che hai nei confronti tuoi e delle persone con le quali condividi la vita, non mi stancherò mai di dirlo.

Ti chiarisco cos'è il saldo e stralcio: con questa locuzione si identifica un accordo transattivo che consente al debitore di saldare una situazione debitoria con un importo più basso del totale comprensivo di capitale, interessi, oneri e spese.

Solitamente è un pagamento una tantum e avviene in via bonaria dove il creditore acconsente a una riduzione del suo credito con incasso immediato di una somma inferiore. Trattandosi di un accordo bonario detto anche transattivo, questa tecnica non prevede una procedura standard proprio perché è discrezionalità delle parti addivenire a un accordo in merito sia alla somma sia alle tempistiche di rientro.

Pur trattandosi di un accordo tra le parti questa procedura di saldo e stralcio è piuttosto complessa e necessita di esperienza da parte soprattutto del debitore o del professionista che lo rappresenta. È necessario un potere di negoziazione supportato dalla conoscenza delle disposizioni di Legge.

Nel caso in cui vi sia una sofferenza finanziaria persistente, dove il debitore si trovi in una situazione di impossibilità a fare fronte alle proprie esposizioni sia nel breve che in un ipotetico lungo periodo, banche e finanziarie tendono a preferire un pagamento certo e immediato, anche molto inferiore al credito effettivo, piuttosto che attendere le tempistiche giudiziarie perdendo ulteriori interessi e capitale.

Quindi il saldo e stralcio consiste in un versamento di una parte del debito originario (saldo) a fronte del rilascio da pare del creditore di una liberatoria con rinuncia espressa a ogni ulteriore pretesa sul debito residuo (stralcio). Figo, vero?
Queste semplici quattro righe comprendono al loro interno tutta una serie di strategie, competenze e informazioni trasversali che oltre che conosciute devono essere applicate correttamente.

Molto importante la capacità di negoziazione con gli istituti bancari, e la conoscenza delle regole di comportamento che questi adottano nei confronti delle situazioni incagliate o legali.
Capisci perché è fondamentale il supporto di un professionista preparato?

Mi permetto di sconsigliarti vivamente il "fai da te": non possedendo le competenze e gli strumenti necessari, improvvisarsi mediatori potrebbe precludere la possibilità di far accettare la proposta e ribaltare la situazione, trasformando un'opportunità in un danno anziché un vantaggio.
Con il saldo e stralcio, anche tu debitore perderai qualcosa, tanto o poco dipenderà dal tuo punto di partenza e dalla tua percezione

dei valori. Mi spiego meglio: il denaro è un'unità di misura e il tanto o poco dipende da un'idea personale di ricchezza molto personale. Mi spiego meglio: per alcuni tanto può consistere in diecimila euro, per altri la stessa somma è poco. Per te guadagnare cinquemila euro al mese sarebbe un sogno, per altri quella somma non rispetta i canoni del loro valore mensile.

Per crescere finanziariamente leggerai il mio primo libro, qui ora è necessario capire che da una situazione di sottozero puoi rimetterti sulla riga di partenza per dare una svolta alla tua situazione.
Per ottenere il miglior risultato nel saldo e stralcio è indispensabile che tu ti fidi e affidi a mani competenti e responsabili. Persone che conoscono la materia e operano in modo ctico e consapevole.

Tu devi assolutamente essere consapevole che pur operando in modo etico e trasparente, il professionista che mette a tua disposizione le sue energie deve essere pagato con il giusto valore. Dall'operazione di saldo e stralcio tutte le parti coinvolte devono uscire con la giusta soddisfazione: la banca con la somma

transata, il professionista del saldo e stralcio con il giusto compenso e il debitore esecutato libero da ogni debito.
La tua vera consapevolezza da debitore deve essere quella che azzerare il passato e ripartire dal punto zero a volte è indispensabile, costi quel che costi. Quindi essere affiancato dal professionista "giusto" è molto importante.

Voglio darti la visione di questa tecnica dall'angolazione più difficile: quella dell'esecutato. Avrai trovato mille modi per descrivere la tecnica del saldo e stralcio, ma tutte sono strutturate dal punto di vista dell'investitore immobiliare che vuole guadagnare aiutando l'esecutato, mentre il mio obbiettivo qui è di far comprendere a chi è disperato che le ancore di salvezza esistono ma è assolutamente indispensabile saperle scegliere e riconoscere.

Non esiste nulla di gratis nella vita, ma chi ha già pagato in sofferenze ha il dovere verso sé stesso di cambiare il futuro. C'è sempre un prezzo da pagare per i nostri errori e se hai la casa all'asta probabilmente si tratterà di perdere quella casa – che comunque, come già detto, con la procedura di esproprio è già con "sotto le ruote". Ti porto qualche esempio giusto per farti una prima idea di quali possibili riduzioni del debito possono essere prese in considerazione dagli istituti bancari: se parliamo di piccole somme, debiti chirografari, è meglio proporre una somma unica senza dilazioni accennando anche uno sconto del 60% rispetto alla somma originale.

Nel caso si tratti di somme elevate è possibile considerare una dilazione in rate, non essendoci una regola vincolante la proposta dovrà essere calibrata sulle effettive capacità di pagamento.
Discorso più complesso se parliamo di debito ipotecario, per esempio il mutuo casa: la banca prenderà in considerazione una proposta di saldo e stralcio congrua con il reale valore della casa oppure in relazione allo stato del pignoramento immobiliare.

Infatti con lo stralcio immobiliare possiamo interrompere la vendita all'asta della casa. La messa in asta dell'immobile prevede tempi molto lunghi per il rientro finanziario da parte della banca, inoltre potrebbe succedere che l'immobile non sia appetibile sul mercato e che vi siano tentativi di vendita andati deserti. In questi casi le tempistiche si ampliano e l'importo che la banca riuscirà a ricavare verrà ogni volta ridotto. Questo rischio notevole per le banche, che le vede a un esborso ulteriore per spese di procedura, legali e per l'iter di esproprio, fa sì che il saldo e stralcio sia preso in considerazione la maggior parte delle volte con notevole successo.

Quindi il saldo e stralcio è un modo per poter risolvere una crisi finanziaria. Ora, se hai debiti aziendali dovremmo ampliare il discorso anche se nella linea generale è applicabile un po' ovunque, dato che fondamentalmente si tratta di un accordo tra le parti. C'è comunque una consapevolezza che devi avere, ebbene sì e non è una buona notizia. Può succedere che, malgrado tu riesca a essere assistito dal miglior professionista di negoziazione del debito, tu non possa risolvere nell'immediato la tua posizione.

Purtroppo è vero: se hai accumulato molti debiti con l'Agenzia delle Entrate, hai molti finanziamenti e magari il valore dell'immobile espropriato è residuale rispetto al totale della tua esposizione. può succedere.

Non demordere, dovrai gestire le tue energie e le tue piccole risorse in altro modo. Sicuramente con una strada più lunga e onerosa da un punto di vista economico. Ma se metti tutta la tua determinazione ci riuscirai. Avrai sempre un prezzo da pagare, mettilo sempre in conto e ricorda che anche la rosa più bella ha le spine. Io ti sto fornendo molte informazioni in quanto credo fortemente che la preparazione sia alla base di ogni crescita personale, ma dall'altra parte ti esorto a non fare nulla da solo.

Te lo ripeterò più volte, solo la squadra di professionisti può essere vincente. Io stessa nella mia qualità di consulente della gestione e negoziazione del debito sono circondata da altri professionisti: avvocato, architetto, impresa di costruzioni, tecnico con i quali mi confronto quasi quotidianamente affinché si possano mettere in campo tutte le strategie possibili.

Quindi le tue competenze devono essere sufficienti per comprendere che chi dice di lavorare al meglio per te, lo stia facendo effettivamente in primis per risolvere i tuoi problemi.
Ricordati che questa tecnica può essere applicata anche ad alcune tipologie di debiti chirografari.
Mi spiego meglio: se ti ha scritto una società di recupero crediti per dei finanziamenti non pagati, metti in atto questa strategia.

Contatta un professionista e chiedi di gestire la chiusura con la sua miglior negoziazione di saldo e stralcio.
Anche queste posizioni purtroppo mantengono le segnalazioni negative in centrale rischi e ti inibiscono ogni possibilità di poter avere una carta di credito o un conto corrente bancario.

Magari ti impediscono di poter gestire uno stipendio senza il timore di un pignoramento.
Prendi in considerazione di chiudere tutte le tue pendenze in questo modo.
La tua libertà finanziaria parte anche da qui.

RIEPILOGO DEL CAPITOLO 3:

- SEGRETO n. 1: La tecnica del saldo e stralcio ti consente di pagare un debito attraverso un atto transattivo con il creditore, con una somma inferiore rispetto al capitale, spese, interessi.
- SEGRETO n. 2: L'80% è psicologia e il 20% è tecnica. Questo 20% è meglio farlo fare a chi lo sa fare bene come un consulente della gestione del debito.
- SEGRETO n. 3: Debiti chirografari, debiti ipotecari, debiti fiscali. Mai dimenticarne qualcuno. Mai.
- SEGRETO n. 4: Chiunque metta a disposizione la propria professionalità e le proprie competenze ha il diritto di ricevere il giusto compenso per l'attività svolta.

Capitolo 4:
Come trovare il professionista adatto

Questo capitolo mi imbarazza un po': io mi sento molto la professionista n.1 nel problem solving e nell'applicare la tecnica del saldo e stralcio; sono molto orgogliosa e felice di aver creato un team di lavoro importante nella negoziazione del debito, e adoro le persone con le quali collaboro, stiamo crescendo molto e stiamo riscontrano ottimi risultati sul campo.

Non voglio parlare di me, voglio parlarti degli innumerevoli professionisti che puoi trovare o meglio ancora cercare e individuare con le dritte che cercherò di trasmetterti ed elencarti in questo capitolo. Ce ne sono moltissimi preparati e seri così come purtroppo ci sono millantatori e inesperti che invece che risolvere possono creare altri problemi.

Sta a te scoprire quello giusto al quale affidare la gestione e la risoluzione delle tue questioni finanziarie. Insomma, cercherò di svelarti qualche trucchetto per individuare la fuffa e tenerla alla

larga. Qui ti darò qualche suggerimento per non cadere dalla padella alla brace.
Io vorrei veramente potervi aiutare tutti, ma devo ammettere che a volte le competenze specifiche di ognuno di noi non sono sufficienti per poter realmente risolvere tutte le situazioni.

Vi sono aspetti legati all'individualità di ognuno di noi quali esseri umani che fanno sì che vi sia un discernimento anche "a pelle", una sorta di respingimento viscerale a volte incomprensibile che non ci permette di poter interagire con tutti nello stesso identico modo. Un'attrazione o respingimento energetico che possono dare reazioni diverse al di fuori della preparazione tecnica.

Valutare i valori e i principi che sono alla base del modus operandi del professionista e capire se essi siano allineati con i tuoi è sicuramente un aspetto fondamentale.
Vi è poi un aspetto legato alla fiducia che è imprescindibile. La fiducia deve necessariamente essere reciproca. Nel momento in cui decidi di affidarti a un consulente nella negoziazione del debito, devi dare la tua massima fiducia. I dubbi, le insicurezze

traspaiono e ti assicuro che percepire che vi è diffidenza nel rapporto di collaborazione è svilente per entrambi le parti e ruba energia senza magari dare la possibilità di arrivare alla soluzione. Se il professionista ti fornisce elementi di preparazione tecnica ma capisci che non ti dà la considerazione che meriti, oppure peggio ancora si permette di giudicare il tuo passato e i tuoi errori, di certo è il caso di salutare e girare i tacchi verso la porta.

Stima e fiducia da entrambe le parti. Io sono convinta che ogni persona che entra nella mia vita, che sia per un minuto o per un mese o per una vita intera mi insegna qualcosa, sempre. E se posso aiutarla a dare un cambiamento alla sua vita, la devo stimare e mai giudicare, devo accettarla per com'è con estrema onestà e trasparenza.

Se una persona, e a volte succede, non può portare a casa i risultati sperati, ne deve essere a conoscenza, non serve illudere solo per un interesse personale.
Fiducia da entrambe le parti, il professionista deve sapere che lo segui nel percorso, che condividerete i discernimenti necessari, che non ti metterai a fare a modo tuo magari dando incarico a più

professionisti per “vedere chi te la risolve prima e meglio” oppure prenderai le informazioni e agirai da solo.
Ecco, anche tu nel momento in cui decidi di dare incarico a una persona che può aiutarti devi veramente affidarti al professionista e comportarti in modo corretto.

Eh sì, i furbetti ci sono anche tra gli esecutati. E alcuni di questi hanno i debiti proprio perché si sono comportati da furbetti. Me ne sono capitati alcuni sul mio cammino e se li ho visti risolvere il loro problema momentaneo di certo non hanno fatto il salto quantico per cambiare realmente la loro vita.
Certo: uscire dalla morsa del debito è solo il primo passo per crescere e raggiungere una serenità finanziaria per sé e per la propria famiglia.

Te lo ripeto: deve essere un percorso di crescita personale, professionale e finanziaria. Io lo intendo qualcosa di complesso e completo, un cambiamento vero che non può certo avvenire con il solo pagamento del debito. Consiste in un’evoluzione costante che una volta iniziata diventa una necessità e ti accompagnerà per tutta la vita. Non importa quale sia la tua età, importa il cambiamento che avverrà nella tua vita seguendo questo percorso. Quindi, tornando al nostro rapporto, la fiducia è essenziale e il legame che si deve instaurare deve essere di schietta sincerità, anche quando le cose non vanno come si vorrebbe e la ciambella non riesce con il buco.

Valutare rischi e possibilità, monitorare il percorso sono assiomi indiscutibili e assolutamente da condividere passo dopo passo.
L'etica e il rispetto.
Dovrei scrivere un libro solo su questi due valori. Anzi aggiungerei anche l'educazione, questa sconosciuta molte volte. Bisogna cercare incessantemente questi valori nei professionisti a cui decidi di affidare la tua vita finanziaria.

Il rispetto per le debolezze altrui, per le esperienze, la mancanza di giudizio. Mi permetto di invitarti a diffidare di chi si propone con frasi del tipo: "Specializzato nel salvataggio della tua casa", "Se hai la casa in asta noi possiamo salvarla".
Quando leggi o senti queste parole scappa a gambe levate.
Vero è che posso aiutarti a salvare la casa, ma altrettanto vero è che se non hai il becco di un quattrino, non hai un lavoro stabile,

non hai la banca che ti fa un finanziamento o lo Zio d'America che ti elargisce una bella donazione o alla peggio un cospicuo finanziamento, la casa la perdi. Punto. Senza se e senza ma.
Quindi il rispetto della verità e della realtà senza illusioni sono il primo punto di partenza nella collaborazione.

Quindi entrando nel dettaglio (i dettagli fanno sempre la differenza) posso iniziare a dirti che devi cominciare ad ascoltare bene cosa ti viene raccontato.
Leggi le presentazioni e ascolta e poi fai domande precise. Se ti fermi a pensare hai già qualche elemento in mano per fare riflessioni in modo consapevole: hai raccolto tutta la tua documentazione e quindi hai un'idea di qual è il tuo punto di partenza.

Ti ho invitato a documentarti e a informarti, nel capitolo precedente: di certo non sei diventato un tecnico ma di certo hai gli strumenti per capire, percepire e valutare che se sei nella condizione sopra descritta salvare la casa è semplicemente utopistico e la persona che hai davanti non ti sta parlando in modo etico e veritiero. Magari ci possono essere dei presupposti per salvare la casa, forse sì o forse no, ma affermare che puoi salvare la casa senza alcuna valutazione della singola posizione credo lo possa fare solo il Mago Otelma dopo aver consultato la sua sfera di cristallo.

Io ho un mio pensiero anche su chi si presenta con "Sono un investitore immobiliare", magari scritto sul biglietto da visita. Non me ne vogliano, ma il professionista nel saldo e stralcio immobiliare può essere anche un investitore, di certo ha imparato durate tutto il suo percorso delle skills specifiche e, cosa più importante, ha creato un team di lavoro con figure professionali differenti e complementari al fine di poter dare un servizio completo all'esecutato anche nell'esempio di paradosso di rinunciare all'incarico.

Sì, l'investitore immobiliare solitamente ha un obbiettivo che è la casa, non ha una visione a tutto tondo relativamente al risanamento della condizione debitoria e non nutre altri interessi, che invece sono ampliati nel professionista nella negoziazione del debito. Il professionista si prende in carico l'analisi generale della tua posizione, non solamente quella legata all'espropriazione immobiliare. In ogni periodo storico si può guadagnare bene con gli investimenti immobiliari, è un dato di fatto. È altrettanto vero che se navighi su Google puoi incontrare profili di ragazzi, forse trentenni o poco più, che snocciolano numeri di clienti soddisfatti e posizioni risolte con la stessa snella velocità con la quale si sono mangiati sacchetti di popcorn al cinema.

Qualche settimana fa mi è capitato sotto gli occhi un sito web di due ragazzi neppure trentenni, ove elencavano di aver chiuso settanta posizioni, di operare su quindici città e facevano dell'esperienza la loro bandiera. Qualche perplessità si è fatta largo.
Ora, partiamo dal presupposto che l'esperienza si può fare con il numero di posizioni chiuse ma anche e soprattutto con le posizioni più complesse e ricche di insidie.
È lì che è necessario tirar fuori il meglio di noi, la nostra fantasia e tutte le nostre risorse strategiche. Non parlano di un team di lavoro, assolutamente indispensabile per una gestione a tutto tondo delle posizioni.
Quindi la cosa migliore, sempre con il rispetto della privacy: chiedi di poter visionare le posizioni di almeno cinque clienti per

ogni anno della loro attività. Non è tutto così semplice e anche l'esperienza serve, e la competenza molte volte si comprende anche dal linguaggio usato, dalla sicurezza di comprensione e non certo da un profilo internet.

Io non ricordo esattamente quante posizioni ho chiuso in totale: ricordo le più complesse, ricordo quelle che mi hanno lasciato un segno importante a livello umano ed emotivo, ricordo anche quelle che mi hanno fatto guadagnare di più. Ma il numero preciso, non lo ricordo e non mi interessa ricordarlo.

Quindi non farti impressionare dal numero, indaga su quanto potevano essere complesse quelle posizioni e cerca le testimonianze di chi è rimasto soddisfatto. Diffida del fenomeno, l'incontro è rischioso. Mi spiego meglio.

Se vuoi risolvere la tua situazione finanziaria e ti affidi a chi millanta competenze e poi non è in grado di aiutarti, corri il rischio di peggiorare la situazione e di ritrovarti con gli stessi debiti e magari senza la casa, o l'azienda, o tutte le proprietà.

Anche se è difficile da dire e sicuramente lo è ancora di più sentirselo dire, il professionista serio ti rappresenta anche lo scenario peggiore al quale puoi andare incontro. L'importante è che sia in grado di mettere in campo tutte le risorse necessarie per ottenere lo scenario migliore e portare un vantaggio effettivamente importante nella tua vita. Anche la forza di non accettare l'incarico per non illudere o far perdere tempo è sicuramente segno distintivo di un professionista che riconosce i suoi limiti e le sue capacità. Quindi questo aspetto va valutato molto attentamente.

A volte può succedere che non vi sia possibilità di soluzione nell'immediato, il professionista serio saprà però indicarti un percorso più lungo o differente per tutelarti o per evitare un peggioramento della situazione.

Il poter contare su figure professionali diverse – dal tecnico, all'avvocato al commercialista – è una garanzia di risposte puntuali e precise anche in caso di impossibilità di intervento.

Quindi dai fiducia al team giusto e sii anche tu rispettoso della loro disponibilità.

Il professionista del saldo e stralcio immobiliare lavora a success fee, quindi non chiederà mai denaro all'esecutato per prendere in mano la sua posizione. Pertanto se qualcuno chiede soldi in anticipo, bè corri più lontano che puoi. Ora, mentre scrivo sto gestendo con il mio team una situazione molto complessa di un personaggio che vanta un patrimonio di circa 40 milioni di euro, con un problemino: vi sono ipoteche da banche e Agenzia delle Entrate. L'aristocratico cliente sa che perderà parte di questo valore immobiliare, sa che dovrà pagare le competenze messe in campo dal mio team, ma ha un business plan che gli evidenzia tre scenari possibili di patrimonio che rimarrà nella sua disponibilità.

Questa operazione presumibilmente non si concluderà prima di un paio di anni e nessun fondo spese o compenso è stato richiesto in anticipo. I termini economici sono stati chiariti da subito.
Nel campo societario e aziendale, l'attività del professionista è leggermente diversa e qui sicuramente un compenso per l'attività che verrà svolta è da mettere in conto. È del tutto evidente che si tratta anche di percorsi diversi e necessità a tratti diverse.

Ho anche una notizia spiacevole: a volte il vero grande successo è la cancellazione di tutto l'asse debitorio e non rimane un soldo per l'esecutato, per il debitore. Gli immobili devono essere necessariamente venduti per poter coprire tutti i debiti. Succede, spesso. Se però questo vuol dire che hai cancellato totalmente ogni debito e tra qualche anno potrai comprare la moto a tuo figlio facendo delle rate o non avrai nessuno che verrà a pignorare il tuo stipendio, fidati va bene così. Molte volte ritrovarsi a zero è un grande successo. Ora sarai un po' spaventato, e frastornato, non lo devi essere. Hai un ulteriore strumento in mano che ti può aiutare a fare le giuste valutazioni.

Una cosa importante. Ricorda: non fare mai da solo.
Siamo circa a metà del libro e tu hai diversi strumenti in mano e sono certa che qualcuno sta già pensando: "Per quale motivo devo far guadagnare un professionista quando posso fare da solo?". Ecco, per favore non fare quest'errore, per poi scrivermi che nel mio libro ti ho dato attrezzi che non hanno funzionato.

Intanto, l'aspetto emotivo può essere il tuo peggior nemico. Il distacco emozionale dalle situazioni è sicuramente un elemento positivo e determinante per pianificare strade e strategie diverse. Quindi solo questo è un motivo essenziale e valido per affidarti a un professionista. Poi la possibilità di analizzare i problemi con teste diverse, competenze diverse e percorsi formativi diversi. Poi, sai che a me piacciono i proverbi: "chi più spende meno spende". Pertanto la tua percezione sul fatto che il professionista dovrà ricevere un compenso a fine attività deve essere considerata alla luce del fatto che è un investimento sul miglior risultato perseguibile e sul fatto che l'esperienza e le competenze sono amplificate.

Ti svelo un po' meglio il mio pensiero: il debitore, in quanto persona prima di tutto e poi in quanto cliente, deve essere al centro e il consulente lavorare al suo fianco, fornendo un servizio assolutamente trasparente mirato a ridurre i rischi e costruito su misura per raggiungere o avvicinarsi il più possibile ai suoi obbiettivi.

Io in qualità di consulente della negoziazione del debito metto a disposizione del debitore la mia esperienza, lo studio della corretta strategia in grado di risolvere le criticità al meglio senza costi nascosti, sempre con la collaborazione di partner di estrema competenza nel settore: notaio, avvocato, tecnico per portare a compimento la soluzione delle criticità debitorie.

L'intento è quello di consigliare la soluzione idonea alle necessità del debitore senza mai perdere di vista il valore delle relazioni umane. Ti ripeto, ci sono tante persone specializzate nell'applicare e utilizzare la tecnica del saldo e stralcio, consulenti seri e preparati, qui hai qualche elemento per individuarle, e riuscire a trovare il professionista che meglio si adatta alle tue esigenze.

Per lo meno hai la possibilità di iniziare a tenere lontano quelle figure che già dalla presentazione capisci che non hanno le caratteristiche a te necessarie.
Fidati anche delle tue sensazioni: l'energia positiva si percepisce e si respira.

RIEPILOGO DEL CAPITOLO 4:

- SEGRETO n. 1: La scelta del giusto professionista è fondamentale per la buona riuscita di un'operazione.
- SEGRETO n. 2: Prima di affidare un incarico valuta bene a chi decidi di affidare la tua vita finanziaria, può fare una grande differenza per il tuo futuro.
- SEGRETO n. 3: Un consulente della gestione del debito collabora sempre con un team professionale al fine di ottenere il miglior risultato possibile.

Capitolo 5:
Cos'è la delega

Una volta individuato il negoziatore del debito che rispecchia tutte le caratteristiche che tu ritieni necessarie per poterti aiutare, e che può agire al meglio per tutelare la tua posizione, è necessario conferire una delega. La delega è un documento molto semplice sottoscritto dal debitore, o da tutti i debitori se più di uno, corredato dei documenti di riconoscimento degli stessi, che autorizza il professionista ad agire in nome e per conto.

Vi sarà contenuto un elenco di attività che potrà svolgere come a esempio farsi inviare estratti conto, visionare contratti, parlare, assumere informazioni che gli consentano di comprendere la situazione debitoria per poi formulare proposte adeguate e sostenibili.

Cioè gli consente di iniziare a raccogliere informazioni presso i vari creditori creando un dialogo per una possibile trattativa di soluzione. Il primo passo certamente è quello di far luce sull'effettivo ammontare totale della posizione debitoria per poi stilare una strategia di negoziazione. Senza la sottoscrizione di questo documento il professionista non può assumere alcun incarico formale, è un documento essenziale e indispensabile per permettergli di svolgere il suo lavoro.

Con questo documento il professionista può: richiedere al condominio la situazione debitoria, prendere contatti con l'istituto bancario e richiedere conteggio delle somme maturate e non pagate, chiedere il fascicolo presso l'Agenzia delle Entrate Riscossione, consultare la centrale rischi e il CRIF (archivio informatico che contiene tutti i dati relativi ai finanziamenti chiesti ed erogati).

Riassumendo, con il conferimento della delega il professionista può iniziare ad agire per tuo nome e conto compiendo tutta una serie di indagine al fine di verificare la situazione debitoria totale.
Questo primo incarico è sempre a titolo gratuito se sei una persona fisica.
Diverso contratto dovrà essere valutato se l'incarico viene conferito da una società, un ente commerciale. In questo caso sarà

opportuno negoziare anche con il professionista il compenso per ogni step di lavoro.
Se ho ribadito più volte la necessità di affidarsi a un professionista corretto e trasparente, caro debitore, anche tu devi dimostrarti tale. Di certo non devi conferire la delega a più professionisti per metterli in competizione o per vedere chi è più veloce.

Al di là del fatto di dimostrarti poco serio, corri un pericolo molto più grave: i tuoi creditori percepiranno l'inganno in cui sono caduti i consulenti e non potranno accogliere con occhi compassionevoli la tua posizione e le tue motivazioni per una benevola chiusura a saldo e stralcio.

Quindi attenzione, la delega puoi conferirla facilmente e altrettanto facilmente puoi revocarla, ma se il professionista si sta muovendo bene e sta trovando il bandolo della matassa, lascialo lavorare tranquillamente: va sicuramente tutto a tuo vantaggio.
Dovrai anche consegnare tutta la documentazione che hai raccolto e riordinato. Sarà il professionista a leggerla e interpretarla al meglio per tutelarti in ogni sede opportuna.

Questa delega è anche un formale incarico a success fee. Vuol dire che se è vero che in una prima fase il professionista lavora gratis, senza richiederti alcun compenso o fondo spese, è vero anche che una volta trovata la soluzione e intrapresa la strada della negoziazione, a chiusura della posizione avrà diritto a essere ricompensato per l'attività svolta.

Questo compenso potrete stabilirlo strada facendo nelle negoziazioni del debito. Ovviamente più la negoziazione sarà favorevole più sarà da considerare alto il compenso. Insomma, per par condicio il compenso dovrà essere proporzionato al vantaggio che porterà a casa dell'esecutato, debitore. Quindi la sottoscrizione della delega è un incarico e un impegno a riconoscere l'attività che il professionista andrà a compiere.

Indirettamente è un segno di stima per le capacità che hai individuato e un atto di fiducia verso la soluzione della situazione debitoria. Come hai capito è indispensabile, quindi fai buon uso di queste informazioni, leggi ogni riga prima di sottoscriverla e chiedi di essere tenuto informato a ogni tappa acquisita, senza mai intralciare l'operato di chi sta cercando di darti una mano.

RIEPILOGO DEL CAPITOLO 5:

- SEGRETO n. 1: La delega è l'elemento fondamentale affinché un professionista possa iniziare a lavorare la tua posizione debitoria.
- SEGRETO n. 2: La delega permette di richiedere informazioni, fare trattative con i creditori e redigere proposte transattive.
- SEGRETO n. 3: La delega riconosce la fiducia personale reciproca e formalizza l'incarico professionale.

Capitolo 6:
Quali sono i documenti chiave

Come e quando possiamo comprendere che abbiamo dei guai finanziari o che la nostra casa è a rischio? Aprendo il "cassetto dei mostri" sicuramente avrai capito che non si tratta di un fulmine a ciel sereno bensì vi sono una serie di comunicazioni ricevute con una cronologia sistemica e prestabilita dalla legge.

Intanto, considerato che sei un essere intelligente sai bene che se hai un debito con chiunque e smetti di pagarlo, non potrai mai far finta di niente, i prestiti vanno sempre restituiti riconoscendo la remunerazione richiesta. Quindi, partendo da questo assioma imprescindibile, la consapevolezza che smettendo di pagare un debito arrivano dei problemi devi averla da subito.

Detto ciò la prima cosa che può fare il tuo creditore è inviarti una comunicazione di richiesta di versamento somma con termine di pagamento e messa in mora. In parole semplici qui il tuo creditore ti dà un monito, un ricordino che dovrebbe metterti almeno nella condizione di chiamarlo ed eventualmente rinegoziare la situazione se possibile o comunque dialogare in merito a una possibile rateazione alternativa, soprattutto dimostrare che sei presente alla tua situazione e in un qualche modo intendi rispettare i tuoi impegni.

Se non si trova un accordo oppure, come succede più frequentemente, non apri neppure la lettera per timore di leggere cosa vi è scritto, il tuo creditore procede nella sua marcia legale. La posizione verrà gestita dall'ufficio legale il quale provvederà a notificarti il decreto ingiuntivo, cioè un atto giudiziale che ti condanna a pagare una determinata somma di denaro entro un tempo prestabilito.

Qui devi iniziare a preoccuparti, e iniziare a muoverti per individuare un professionista esperto per trovare una soluzione di chiusura a saldo e stralcio con il creditore, in quanto il passo successivo consiste nella notifica di quest'ultimo del pignoramento o presso terzi, quindi presso la tua banca, oppure presso il tuo datore di lavoro se hai uno stipendio. Se hai un immobile il creditore procede anche con il pignoramento immobiliare. Ovvio è che se il debito proviene da un mutuo sulla casa non pagato il creditore vanterà un'ipoteca (probabilmente di primo grado) e poi il pignoramento che avrà come sbocco una procedura di vendita forzata dell'immobile tramite l'asta. E tieni bene a mente che con la vendita dell'immobile non è detto che venga completamente soddisfatto il tuo debito, quindi potresti ritrovarti ancora un debito chirografario a cui dover far fronte per non subire un ulteriore pignoramento presso terzi.

Ora non è necessario che entriamo nel dettaglio di ogni passaggio, dovrei scrivere un'enciclopedia invece di un libro. La notizia rincuorante e il messaggio che voglio tu tenga presente se sei in una di queste situazioni è che puoi intervenire per trovare un accordo con una chiusura a saldo e stralcio.

È anche vero che più il tuo creditore è avanti con la procedura più costi legali ci saranno da rimborsare e magari, da un punto di vista di cooperazione, vi può essere qualche difficoltà nel trovare il giusto punto di incontro.
Tecnicamente diciamo che puoi chiudere un accordo transattivo anche il giorno prima dell'asta, nella pratica per poter intervenire

nella procedura ed effettuare le comunicazioni di rito è necessario rispettare dei tempi necessari alla telematicità a cui oggi siamo tutti vincolati.

In sintesi ricordati di mantenere quando puoi un dialogo con il tuo creditore e controlla sistematicamente le azioni che questo va a intraprendere al fine di poter mantenere un controllo sull'iter che stai subendo. Il professionista del debito saprà consigliarti e supportarti al meglio in questa fase.

RIEPILOGO DEL CAPITOLO 6:

- SEGRETO n. 1: Aprire la corrispondenza quando arriva e ricordarsi sempre che se un debito non lo rimborsi nei tempi richiesti poi devi essere pronto alle conseguenze
- SEGRETO n. 2: Il saldo e stralcio di un debito può concludersi in qualsiasi momento a seguito di accordo transattivo tra creditore e debitore
- SEGRETO n. 3: Mantenere un rapporto con il creditore è siucramente sinonimo di responsabilità e serietà da parte del debitore
- SEGRETO n. 4: Monitorare le azioni legali che il creditore instaura può agevolare la chiusura transattiva del debito

Capitolo 7:
Quali sono i falsi miti

Bene, facciamo il punto della situazione.

I documenti sono in ordine, le informazioni generali ci sono, sai perfettamente come individuare il professionista giusto per supportarti nel tuo percorso, tra un capitolo, un caffè e un sorso d'acqua tu ora hai qualche nozione e strumento da mettere in campo per affrontare le problematiche debitorie.

Sicuramente hai trovato molte informazioni sul web, ti sei anche confrontato con amici e parenti e avrai trovato frasi ricorrenti con convinzioni che purtroppo non corrispondono al vero. Ci sono convinzioni molto popolari che sono assolutamente false e che sono in grado di deviare le percezioni delle situazioni aggravandole notevolmente.

Quindi ora, insieme, andiamo ad abbattere le principali, quelle affermazioni elefantiache contro le quali combatto spesso. Sarà mai che vieni a chiedermi una consulenza, in quel caso un muro di credenze false per lo meno sarà già abbattuto. La credenza più popolare e la più falsa è "la prima casa non può essere pignorata". Sicuramente questa convinzione nasce da una lettura distorta di una norma dell'Agenzia delle Entrate la quale prevede in linea generale che "è fatto divieto di pignoramento dell'unico immobile di proprietà del debitore all'agente di riscossione pubblica".

Questo significa che l'ente di riscossione non può procedere in maniera esecutiva nei riguardi della prima casa. Tutt'al più può iscrivere ipoteca e solo nel caso che i debiti verso l'erario superino una soglia predeterminata. Inoltre affinché si possa rispettare questa norma, è necessario che si tratti di unico immobile di proprietà, vi risieda il debitore con la propria famiglia e non sia un immobile di categoria lusso.

Quindi se il debitore possiede – ipotizziamo – due immobili, l'erario potrà procedere per il recupero dei crediti con iscrizione di ipoteca. Ribadisco che questo iter vale solo per il recupero dei debiti da parte del fisco e per somme ingenti.

Nel caso in cui il debito sia nei confronti di un privato o di un istituto di credito, può essere avviata la procedura di pignoramento per il mancato pagamento e di conseguenza la messa in asta e la successiva vendita coatta della prima casa. Quindi se da una parte è vero che l'Agenzia delle Entrate non può innescare la scintilla del pignoramento sulla prima casa, è anche vero che può iscrivere ipoteca di secondo grado, quindi solitamente dopo la banca, accodarsi per la vendita della prima casa e partecipare al piano di riparto.

Quindi un terzo che può essere l'istituto bancario ha tutti i diritti di agire nei confronti della tua proprietà immobiliare anche se è l'unico immobile che possiedi ed è adibito a prima casa.
Così pure può procedere il condominio e qualsiasi altro creditore. Quindi se hai dei debiti con la banca, hai un mutuo in sofferenza, hai debiti l'erario, oppure hai prestato garanzie personali inizia fare il punto della situazione.

Un'altra falsa credenza è "la casa è cointestata pertanto non può essere venduta in asta". Fermo restando le regole relative al modus operandi dell'Agenzia delle Entrate viste sopra, se hai stipulato un mutuo con la banca, questa sicuramente ha raccolto fidejussione di tutti gli intestatari dell'immobile e pertanto anche se il debito è a carico di una sola persona, la banca potrà agire contro l'intera proprietà e se la fidejussione è di ampio spettro anche contro altre proprietà dei fidejussori. Nel caso in cui il cointestatario o i cointestatari siano estranei a ogni procedura, a discrezione del Giudice l'immobile può essere posto in asta per quota o per l'intero.

Da alcuni anni giurisprudenza vuole che venga aggiudicato in asta l'immobile per l'intero e poi restituita al cointestatario estraneo la percentuale di incasso corrispondente alla quota di proprietà dell'immobile. In ogni caso comunque immobile pignorato e venduto. Inderogabilmente.

Quindi ricapitolando: la casa viene venduta in asta e i proprietari non debitori verranno risarciti pro quota con il ricavato (detratti tutti i costi di procedura) ed è facile comprendere che la somma ricevuta non rispetterà le aspettative dei proprietari non debitori. Per i tecnicismi delle aste immobiliari vi sono costi da coprire e solitamente un calo di prezzo dell'immobile rispetto al valore di mercato, soprattutto se si terranno più aste deserte, perché il prezzo andrà ridotto ogni volta di oltre il 20%. Quindi la casa andrà venduta con la probabilità di non coprire neppure l'intero debito del proprietario debitore e soprattutto di lasciare senza il reale risarcimento i proprietari pro quota estranei a tali procedimenti.

Un'altra convinzione è "ho dei figli minori non possono mandarmi via" oppure "sono invalido e non possono pignorarmi la casa". Veramente tutto falso. Possiamo discutere se è giusto o sbagliato, sarà solo una discussione di tipo morale in quanto la Legge prevede che l'immobile pignorato debba essere lasciato libero con l'aggiudicazione in asta. Quindi chi racconta questa favola può amplificare la tua situazione diventando responsabile delle conseguenze in cui potrai trovarti.

La casa verrà venduta in asta e si prenderanno cura di te gli assistenti sociali del Comune ai quali dovrai rivolgerti affinché tu possa rientrare in graduatorie con carattere di privilegio, per l'assegnazione di una casa popolare. Se hai dei figli minori dovrai stare maggiormente attento affinché questi non intervengano anche per un affido temporaneo a terzi, nel caso tu non sia in grado di prenderti cura di loro.

Lo so, ti sembro estremamente cruda e crudele nello scrivere senza troppi ghirigori queste cose, purtroppo è la verità ed è giusto che chiunque si trovi in queste situazioni ne sia consapevole. Come ho scritto nei capitoli precedenti per affrontare qualcosa prima lo devi individuare, conoscere, studiare. Io voglio darti più elementi possibili affinché tu possa capire i pericoli che hai davanti, così da prendere le decisioni giuste o migliori per la tua vita.

Una convinzione promossa e pubblicizzata soprattutto da avvocati con scarsità di lavoro è "facciamo causa alla banca per tassi di usura o anatocismo". Queste cause possono essere intentate per bloccare l'esecuzione. In realtà, una volta avviata, l'esecuzione non può essere bloccata, quindi una causa di questo tipo paralizza per un lasso di tempo la situazione allungando le tempistiche.

Null'altro. La prima cosa che devi fare se l'avvocato ti dice questa frase è riferirgli che deve svecchiarsi e aggiornarsi in merito alla normativa; dopo di che, ti suggerisco vivamente di abbandonarlo alle sue fantasie. Dal 2005 in poi le banche che negli anni precedenti hanno perso molte cause per tassi di usura hanno adeguato e corretto i conteggi e gli atti. Quindi da quella data è impossibile trovare in difetto un conteggio di una banca, pertanto con questa azione avrai due risultati: sicuramente un vantaggio in termini di tempo, guadagnerai un paio di anni, dall'altra avrai un danno economico in quanto sarai sicuramente condannato dal Giudice a pagare le spese di procedura e parcelle di parte avversa.

Consiglio personale, lascia perdere a meno che non si tratti di una strategia studiata e concordata nell'ambito di un più ampio scenario debitorio. Quindi se non sei seguito nel modo corretto non avventurarti in cause perse ancora prima di essere iniziate.
Ora passiamo in rassegna le convinzioni di stampo menefreghista "ho solo la casa, se la prendano e io ricomincio da capo".

Qualcosa di vero c'è: probabilmente è vero che hai solo una casa e la banca, l'erario, il condominio provvederanno all'esproprio, l'asta provvederà ad aggiudicare l'immobile a qualcuno che andrà a vivere nella tua casa. La situazione ha una doppia valenza: se i debiti non verranno soddisfatti nella loro interezza con il ricavato della banditura, i creditori, la banca continueranno a tormentarti e perseguitarti fintanto che non avranno incassato l'intera somma. Questo cosa vuol dire? Vuol dire che la banca o il condominio o i tuoi creditori potranno aggredire il tuo stipendio, pignorare la tua auto, la tua pensione o qualsiasi altro bene che tu deciderai di intestarti. Vuol dire non chiudere mai, vuol dire trascinare questa brutta situazione per tutta la vita. Quindi prima di arrenderti in questo modo lotta per farti aiutare a chiudere tutti i debiti e ricominciare veramente da zero.

La vendita della casa in asta è una sconfitta per tutte le parti coinvolte. L'ultima convinzione che ho il dovere di distruggere è "chiedo l'esdebitamento con la legge 3/12 e sto a posto".
Questo percorso poco praticato fortunatamente è anche poco conosciuto nella reale applicazione. Iniziamo con evidenziare che è costoso, lungo e complesso, può rivelarsi utile solo per poche persone.

La legge Sovraindebitamento può essere di aiuto per imprenditori, professionisti e garanti che vivono in una situazione di forte scompenso dove l'ammontare dei debiti accumulati è così elevato da non permettergli di fronteggiarlo con le attività disponibili.

Difficilmente è la strada veramente percorribile. L'iter molto complesso prevede una causa in Tribunale ove una serie di professionisti e in ultimo un Giudice analizzerà tutta la tua situazione debitoria e creditoria andando a liquidare tutto affinché tu possa uscirne senza alcunché. Ti assicuro che è svilente e puoi fare altre cose senza l'umiliazione del Tribunale. Con questa procedura perdi veramente tutto e il tuo obbiettivo è quello di perdere sicuramente qualcosa ma di salvare anche qualcosa.

Pertanto se non è veramente necessario e non hai percorso tutte le altre strade possibili prendi in considerazione questa possibilità. È una procedura che dura sicuramente alcuni anni e io sono certa che hai molte carte migliori da giocare, quindi pensiamo alla vita senza debiti, come può essere migliore senza un calvario che può durare anni e che comunque prevede un costo fin dall'inizio abbastanza consistente.

La strada della negoziazione attraverso la tecnica del saldo e stralcio come vedi è sempre quella più facilmente percorribile e in seguito vedremo come affrontarla alla luce di tutte le competenze che hai acquisito finora.

Ti invito caldamente a riflettere e inizia a pensare con la testa sgombra da ogni tipo di influenza soprattutto se non funzionale alla risoluzione delle tue difficoltà.

Esci dagli schemi, lascia andare chi parla senza sapere.

Hai già fatto tanta strada arrivando fin qui.

Vedrai che alla fine del libro avrai tante idee nuove e un ventaglio di strade percorribili.

Io lo so, ce la puoi fare.

RIEPILOGO DEL CAPITOLO 7:

- SEGRETO n. 1: I falsi miti distorcono la realtà delle situazioni e possono amplificare i danni economici e finanziari.
- SEGRETO n. 2: Falso: la prima casa non può essere pignorata.
- SEGRETO n. 3: Falso: la casa è cointestata pertanto non può essere venduta in asta.
- SEGRETO n. 4: Falso: ho dei figli minori non possono mandarmi via" oppure "sono invalido e non possono pignorarmi la casa.
- SEGRETO n. 5: Falso a metà: facciamo causa alla banca per tassi di usura o anatocismo. Sicuramente in anni precedenti il 2005 ci sono stati molti casi ma oramai è una casistica, più che falsa, storica.
- SEGRETO n. 6: Falso: ho solo la casa, se la prendano e io ricomincio da capo. Sicuramente sì, puoi ricominciare ma sulle spalle porterai il residuo debito se la casa non lo soddisferà per l'intero.
- SEGRETO n. 7: Falso: chiedo l'esdebitamento con la legge 3/12 e sto a posto. Procedura lunga costosa e psicologicamente devastante.

Capitolo 8:
Come cambiare la propria situazione

Arrivati a questo punto io so perfettamente a cosa stai pensando: "Cosa mi è passato per la testa quando ho deciso di acquistare questo libro? Allora, questa qui mi ha fatto aprire il cassetto dei mostri che proprio non volevo neppure avvicinare, mi ha fatto riordinare tutti i debiti che ho e sto male come un cane, mi ha detto (ma questo già lo sapevo) che devo stare attento e scegliere bene il consulente del debito in quanto ci sono in giro tanti squali, mi ha demolito tante convinzioni che mi rassicuravano... E ora cosa faccio?".

Caro lettore, ti sei proprio fatto la domanda giusta anche se prima io vorrei che tu ti ponessi davanti allo specchio rispondendo a un'altra domanda: "Alla luce di tutte queste nuove nozioni che ho imparato cosa voglio per la mia vita?". Ecco, la risposta a questa domanda ti porta al "cosa puoi fare per ottenerlo".

Entro nel dettaglio: probabilmente hai iniziato a leggere questo libro con un po' di scetticismo, mettendo in dubbio che potesse essere veramente "una cassetta degli attrezzi" per cambiare la tua situazione finanziaria. Forse ora ti accorgi che ci sono aspetti della tua situazione che non avevi considerato nella giusta prospettiva e capisci che ci sono delle possibilità da valutare. Quindi ti chiedo: cosa vuoi? Se la tua volontà è quella di rinascere dai debiti devi fare qualcosa. In primis trovare una squadra di professionisti che possano supportarti nel giusto modo.

Anche qui il web può esserti di aiuto: sai perfettamente come attuare il discernimento, sai quali sono le frasi trappola dalle quali devi assolutamente scappare, sai percepire la correttezza e l'etica di chi avrai davanti. Ci saranno anche persone che ti contatteranno proponendoti di aiutarti nel saldo e stralcio dei tuoi debiti. Tu ora hai un vantaggio, sarai in grado di comprendere subito a chi potrai affidarti e chi invece millanta competenze che non ha.

Saprai prendere in considerazione le soluzioni veramente concrete e fattibili al fine di risolvere la tua situazione.
La capacità del discernimento è sempre la miglior partenza.
La prima domanda che io faccio sempre nel primo incontro, dopo aver ascoltato tutta la storia e dopo essermi fatta anche a grandi

linee un'idea della situazione del probabile cliente è: "Cosa vuoi ottenere?" e subito dopo: "Come pensi che io e il mio team possiamo esserti di aiuto?".
Le risposte che ottengo sono le linee guida del mio operare oppure, con tutta la trasparenza che mi contraddistingue, sono gli elementi che mi porteranno a evitare l'incarico.

Mi spiego meglio: posto che dal racconto e dai documenti io posso già pensare a una strategia da seguire prevedendo il risultato che posso conseguire, questo di certo non è nella consapevolezza dell'esecutato e se questo non è allineato con il possibile risultato raggiungibile, non posso né illuderlo né tantomeno ingannarlo. Ho l'obbligo morale di lasciarlo libero di seguire la sua strada. Questo fa parte del rapporto di fiducia che necessariamente deve instaurarsi.

Anni fa ho chiuso un'operazione molto complessa, che prevedeva la vendita di un immobile, l'acquisto del credito e il contestuale stralcio per salvare un secondo immobile libero da ogni ipoteca. L'operazione è durata circa otto mesi e la mia cliente, Jvonne (vi dico anche il nome) a tutt'oggi non l'ha capita completamente, ma si è fidata. Una volta stabilito il “cosa voleva”, cioè chiudere tutti i debiti e salvare un immobile, il “mio come” operare non le è più interessato. Abbiamo conseguito l’obbiettivo che comunque era fattibile e realizzabile, a lei tutto il resto non è interessato. Il rapporto di fiducia ha sostenuto l’operatività del team legale e tecnico.

Quindi è estremamente importante che tu decida cosa è meglio per te e per la tua famiglia, e che poi ti confronti con il consulente del debito che ritieni più adatto ad aiutarti e inizi un percorso. Forse strada facendo dovrai modificare un po’ il tuo obiettivo, smussare qualche angolo, ma se è raggiungibile sicuramente porterai a casa la tua libertà dai debiti.

Una cosa devi tenerla ben presente, ora: devi stare attento e, come si suol dire, “stare sul pezzo”.
Devi seguire con attenzione i tuoi flussi di denaro sia attivi che passivi, e lavorare affinché il tuo operare sia lontano dagli errori fatti nel passato.
Ora, ho anche la presunzione di poterti dire cosa devi fare. Sarò magnanima e cercherò di indicarti cosa puoi fare.

Potresti iniziare a darti nuove regole per la tua finanza personale: magari attivare qualche app sul cellulare che ti possa aiutare a tener monitorati i tuoi flussi di cassa.
Iniziare a risparmiare in modo sistemico oppure a diversificare le tue entrate con altre forme di guadagno.

Ci sono innumerevoli cose che puoi fare, scegli la strada più consona alla tua persona, ma scegli di cambiare il tuo rapporto con il denaro e presta attenzione ai debiti che vai a contrarre: ci sono i debiti buoni e i debiti cattivi.
Ci sono fiumi di libri in merito a questo, pertanto ti invito ad approfondire l'argomento (non aspettare il mio prossimo libro).

RIEPILOGO DEL CAPITOLO 8:

- SEGRETO n. 1: Poniti la giusta domanda e otterrai la risposta di cui hai bisogno.
- SEGRETO n. 2: Se cerchi nel modo giusto puoi trovare la soluzione che ti serve.
- SEGRETO n. 3: Siamo tutti diversi e ognuno ha la sua strada da percorrere.

Capitolo 9:
Case history

Le esperienze di chi è riuscito a liberarsi dalla morsa dei debiti sono importanti per comprendere ancora meglio che è possibile uscirne. Basta fare il primo passo e farsi supportare dalle persone che sanno gestire le problematiche debitorie con professionalità ed etica. Questo non smetterò mai di dirlo.

Barbara è una giovane donna che pensava di poter trascorrere una vita di coppia felice in una bella villetta a schiera nel pavese, un marito e una splendida bambina. Invece si è trovata sola a crescere una figlia con un lavoro saltuario e l'ex marito sparito con un'altra donna. Lei e il marito avevano investito tutte le loro risorse in un negozio di noleggio cassette video, e ben sappiamo che fine ha fatto anche il colosso Blockbuster con l'avvento di Netflix e ancora prima Sky.
Problemi finanziari vanno di pari passo con la crisi matrimoniale. Per poter crescere la figlia da sola in modo dignitoso, Barbara si adattata a fare tanti piccoli, precari e saltuari lavori. Purtroppo

non può permettersi neppure di avere uno stipendio fisso con regolare assunzione, in quanto verrebbe pignorato per un terzo dalla banca e l'unico modo è passare continuamente da un lavoro precario all'altro.

Poi la stanchezza si è fatta sentire, così come la necessità di tranquillità: basta carte prepagate, il desiderio di un conto corrente, un'auto e la possibilità di affittare un piccolo appartamento da condividere con la figlia oramai adolescente. Si è rivolta al mio studio ed è stato stralciato il debito con la banca tramite la vendita della villetta a una giovane coppia di fidanzati che con il finanziamento di un mutuo hanno potuto acquistare una bellissima casa a un prezzo inferiore al valore di mercato.

L'operazione è durata alcuni mesi, in quanto gli acquirenti avevano necessità di stipulare il mutuo. La banca con la quale abbiamo chiuso il saldo e stralcio, ha ritenuto di poter attendere le tempistiche degli acquirenti a seguito di una negoziazione trasparente che ha elencato da subito le varie necessità.
Barbara ha pianto di gioia dopo aver firmato l'atto di vendita e a distanza di settimane scrive messaggi di ringraziamento e di

incredulità. Qualche settimana dopo è stata assunta da una grande multinazionale e ci ha informato di aver aperto un conto corrente e di aver buttato via la carta prepagata. Ora si sente libera.

Oliver ha tre figli, è extracomunitario, gran lavoratore. Purtroppo ha passato un momento molto difficile e non ha potuto pagare il mutuo della casa. Ha perso il lavoro e la sua priorità è diventata la sopravvivenza dei bambini. Non si è mai arreso, ha sempre cercato di mantenere un dialogo con l'istituto bancario al fine di trovare una soluzione, ma purtroppo non lo hanno mai preso in considerazione.

Si è rivolto a un paio di avvocati che probabilmente non erano competenti in materia di negoziazione del debito e pertanto nessuno è riuscito ad aiutarlo.
La sua convinzione era quella di pagare il mutuo, non voleva arrendersi a lasciare la casa che tanto ama. Non riusciva neppure a comprendere il motivo per cui i funzionari bancari non lo prendevano in considerazione. Non si è arreso e negli anni è riuscito a mettere da parte un gruzzolo di denaro per poter mantenere un tetto sicuro per i suoi figli, così dice lui. Quella era

e doveva continuare a essere la sua casa. Si è rivolto a noi in modo abbastanza sfiduciato, era in un momento in cui stava perdendo di vista la sua possibilità di pagare e rimanere dentro la sua casa.

Abbiamo discusso una travagliata trattativa con l'Istituto bancario, ma con una tempistica molto veloce siamo riusciti a stralciare il debito dandogli la possibilità di pagare la somma concordata addirittura con una dilazione in dodici mesi. In questo modo, con la sicurezza del denaro accantonato e con il lavoro sia suo che di sua moglie, riescono a mantenere l'impegno e riscattare la loro casa.

Matilde, invece, l'ho conosciuta in treno. Era davanti a me e stava piangendo al telefono con la madre: aveva in mano una lettera di una società di recupero crediti che le chiedeva di pagare un debito relativo al finanziamento per l'acquisto dei mobili.

Tornavo da Napoli e il viaggio era lungo, iniziamo a parlare e dopo aver sfiorato leggermente il discorso relativo all'attività che svolgo mi confessa la sua angoscia. Aveva acquistato dei mobili con il fidanzato e poi questo si era dileguato, sparito come neve al sole lasciandola con affitto e finanziamento da pagare. Ovviamente non essendo riuscita a rispettare le rate, nel tempo il debito era lievitato e ora si trovava una diffida da parte della società di recupero crediti. Dopo aver indagato su quali potevano essere la sua capacità di pagamento e le disponibilità, le ho proposto di venire nel mio studio per un caffè, invitandola a non disperare, che una soluzione sarebbe stato possibile raggiungerla.

Infatti, sono riuscita a trovare un accordo di saldo e stralcio con la finanziaria e Matilde ha pagato in sei mesi il debito ridotto di oltre la metà. Non posso dire che è nata un'amicizia, posso dire che non manca una festività senza ricevere i suoi auguri.

Mario, un imprenditore con diverse aziende, si trova con un problema importante di liquidità con una di queste in quanto lavora molto con una grande azienda pubblica che a un certo punto comunica un allungamento nelle tempistiche dei pagamenti. Ovvio che questo crea un certo scompiglio e mette in serie e importanti difficoltà tutto il gruppo.
Dopo aver tentato diverse strade di dialogo, tramite un conoscente in comune si rivolge al mio studio e io e il mio team legale

riusciamo a studiare una strategia di uscita da questa impasse con un accordo di saldo e stralcio sia con la banca creditrice sia con la società debitrice, così da riuscire a modulare e riparametrare il disequilibrio di flusso finanziario venutosi a creare. Nella sua soluzione risulta essere un'operazione semplice e lineare, nella realtà si è trattato di una negoziazione duplice molto complessa trattandosi di un ente pubblico che necessita di molti passaggi e molte autorizzazioni.

Queste che ti ho raccontato sono alcune casistiche passate dal mio studio, ho cercato di diversificartele per farti comprendere che possiamo ragionare su molti aspetti diversi, come ad esempio andare a negoziare anche con i nostri debitori se ne abbiamo la necessità e se pensiamo che ci può essere utile incassare subito una somma inferiore piuttosto che attendere tempistiche incerte per una somma maggiore.

La storia di questa coppia invece è molto diversa. Si tratta di una coppia di persone grandi, lei fa la colf a tempo pieno da una nobile signora, lui è in dialisi praticamente allettato. Hanno la casa in asta. Un giorno mi contatta un gentile avvocato chiedendomi se ero disponibile ad aiutare questa coppia in quanto due soggetti definitisi "investitori immobiliari" li avevano convinti ad accettare la chiusura di ogni debito a fronte della cessione della casa. Ora, questa operazione di per sé, nella sua essenza è fattibile, in questo caso specifico non era assolutamente applicabile, ma soprattutto non era etica.

Ora ti spiego il motivo: l'appartamento di modesto valore non consentiva alcuna remunerazione per la coppia costretta ad assumersi spese di trasloco e di impegno economico per una casa in affitto. L'età di entrambi e la malattia del marito di certo non rendeva agevole questa situazione. Inoltre è bene tu sappia che i Comuni assegnano case popolari in base a una graduatoria, a persone che hanno particolari situazioni di difficoltà o indigenza.

Nel caso specifico, con la casa venduta all'asta questa coppia avrebbe raggiunto la testa di questa graduatoria accedendo all'assegnazione di una casa popolare. Quindi per etica a queste persone era necessario spiegare che il saldo e stralcio avrebbe portato loro molti più problemi rispetto alla perdita della loro abitazione. Questo sicuramente è un caso limite ma ti fa capire che è necessario agire sempre per il primario bene del debitore. Il nostro compito è stato quello di togliere immediatamente la delega a questi investitori immobiliari e rassicurare la coppia filippina sulla procedura da seguire per poter accedere alla casa popolare. Certo a loro rimarranno dei debiti, ma considerando la situazione nella sua complessità abbiamo scelto la strada migliore per loro, per la loro tranquillità.

Questo caso che ora ti racconto è l'esempio classico dell'esecutato "ignorante" (nel senso letterale del termine) che è disposto a penalizzare sé stesso piuttosto che accettare di scendere a patti con il creditore e accettare che io professionista possa guadagnare.

Posto che ho chiarito immediatamente che, malgrado la stima e l'amicizia nei confronti di chi lo ha accompagnato nel mio studio, una parte del mio lavoro è proprio risolvere i problemi degli altri a fronte di un compenso commisurato al risultato ottenuto. Il suo atteggiamento è sempre stato saccente, diffidente, tant'è che gli ho fatto ben capire che tra i due era lui ad aver bisogno di me. I problemi, finita la chiacchierata, rimanevano in capo a lui.

Ovviamente ha voluto interpellare il suo avvocato che gli ha brillantemente suggerito di cedere al creditore due dei quattro appartamenti pignorati. La soluzione in astratto può sembrare fattibile, sempre che non si considerino i costi di notaio, trascrizioni, cancellazioni ipotecarie ecc. che di certo il creditore non ha voglia di affrontare, soprattutto perché il suo obbiettivo non è avere immobili bensì è rientrare del proprio capitale.

Evidente che il legale a cui questo esecutato ha posto fiducia è a digiuno di come si evolve una procedura esecutiva. Non gliene faccio una colpa, ci sono le specializzazioni proprio per questo. Non comprendo però come si possa condizionare un cliente con consigli inappropriati alla situazione che sta vivendo.

Io, per rispetto di me stessa, non ho insistito a ricevere alcun incarico dato che in questi casi risulta difficile cercare di aiutare chi in fondo non vuole essere aiutato e soprattutto non è disposto a pagare il prezzo di questo aiuto. Preferisco dedicare le mie energie a chi veramente ci crede ed è disposto a pagare il giusto prezzo per gli errori commessi, compreso il tempo e la professionalità di chi lo segue e lo sostiene.

Una storia strappa lacrime di una signora straniera mi aveva veramente commossa. Così ho deciso di intervenire e cercare di risolvere la sua situazione aiutandola a stralciare. Purtroppo questa fantastica attrice non aveva assolutamente intenzione di chiudere la sua posizione, era alla ricerca di un modo per dilatare il tempo che intercorre tra l'accordo e la data di fissazione asta.

Aveva affidato la sua storia a molti professionisti i quali ignari di questo comportamento avevano tutti contattato il creditore con soluzioni più o meno percorribili.
Alla mia telefonata, il creditore (che per altro conosco bene in quanto opero frequentemente con la sua organizzazione) mi ha edotto della situazione e io chiedendo scusa per la falsità della debitrice ho lasciato in sospeso la trattativa in attesa che la procedura facesse il suo corso.

Ora, il giorno che la signora ha appreso la data dell'asta ha ricominciato la sua sceneggiata pensando di poter ottenere una sospensiva, ma "chi troppo vuole nulla stringe": l'accordo è risultato nel pagamento integrale del debito.

La trasparenza e la sincerità, l'onestà economica e soprattutto intellettuale è doverosa per la buona riuscita di un accordo. Ah dimenticavo, la signora ha pagato pure la fattura per la mia consulenza. Come puoi comprendere, nelle situazioni che ti ho esposto chi veramente la fa da padrona per la buona riuscita di una situazione è la psicologia.

Dobbiamo sempre ricordarci che l'atteggiamento psicologico ed emotivo incide almeno per l'80% in ogni campo della nostra vita. Per il 20% dobbiamo affidarci alla professionalità e ai tecnicismi indispensabili che possiamo reperire appunto dai professionisti del settore.

Elencare numeri di posizioni chiuse e di esecutati liberati dal debito sarebbe inopportuno e poco interessante, in quanto i numeri e i risultati conseguito sono il frutto di una strategia di fondo senza la quale tutto svanirebbe senza successo.

Da un punto di vista contabile c'è sempre uno sbilancio da colmare, da un punto di vista piscologico è necessario studiare e trovare la giusta strategia. Le strade vanno provate tutte, lasciare intentato qualcosa vuol dire perdere inevitabilmente. Tentare e non riuscire può succedere, renderà la vita finanziariamente difficile ma di certo non ci sarà nessun rimorso o rimpianto a disturbare il sonno.

Mediamente sulla mia scrivania transitano almeno una decina di posizioni ogni settimana e purtroppo non tutte sono risolvibili per motivi sempre diversi, alcune posizioni si riescono a risolvere nel giro di giorni e altre necessitano di mesi di trattative, colloqui e incontri.

Capitolo 10:
Come ricostruire una nuova vita

Non voglio fare la fenomena, gli errori li ho fatti anch'io e tanti: nella vita personale, nel lavoro. Succede. Puoi intervistare mille persone e tutte, vedrai, anche le più famose, le più ricche, le più influenti, tutte hanno fatto qualche errore nella loro vita. È parte dell'essere umano sbagliare.

Quindi se tu hai fatto tanti debiti, hai messo in pericolo la tua vita finanziaria e quella della tua famiglia, devi per prima cosa riconoscere di aver sbagliato e perdonarti.
Sì, certo: se vuoi cambiare le cose, chiudere questo libro, metterti in contatto con chi può aiutarti, per prima cosa tu devi aiutare te stesso e accettarti anche per gli errori che hai fatto.

In questo modo dai la possibilità al tuo passato di staccarsi da te, di diventare qualcosa che non ti appartiene più, qualcosa che tu vuoi buttare via, chiudere per ricominciare.
Quindi accetta di aver fatto degli errori e lascia andare il passato.

Tu non vuoi più essere quella persona, tu hai compreso che puoi fare qualcosa per cambiare il tuo presente e soprattutto la tua attuale situazione finanziaria.
Come dico sempre, non saranno rose e fiori, qualche spina ci sarà da togliere, però puoi fidarti di me. Se vuoi, puoi fare e avere qualsiasi cosa.

Quindi ora sai come affrontare il tuo passato, e sai da chi andare, a chi rivolgerti per essere aiutato. Saprai riconoscere il professionista esperto da quello alle prime armi che potrebbe forse crearti più problemi di quelli che già hai. Sai fare il tuo business plan familiare e sai come rispettare le scadenze dei tuoi debiti. Sai anche che puoi fare un piccolo lavoro in più per guadagnare qualcosa, e puoi anche studiare un pochino per migliorarti.

Inizia a vivere il tuo presente.
Inizia a migliorarti e perdonati.
Puoi iniziare a progettare il tuo futuro.

Considerazioni finali

La vita è un po' come essere sulle montagne russe. Ricordi, da bambino? Salire piano piano, l'attesa del momento topico, panoramico che quasi dava serenità e poi, di colpo la discesa che sembrava infinita e inarrestabile, il cuore in gola e l'adrenalina a mille e poi di nuovo un rallentamento, il tempo di prendere fiato e di nuovo su e poi giù velocemente nel turbine dell'arrotolamento.

E poi la calma, la tranquillità della fine del giro in giostra.
La testa che girava e le emozioni che si accavallavano.
Ora sei grande e puoi scegliere se stare shakerato in un turbine costante di sali e scendi, di down and up. Di momenti di serenità e altri di ansia. Oppure puoi scendere dalla giostra e prendere in mano la tua vita.

Eh sì, ricorda che la giostra è comandata da qualcuno che non sei tu. Per la tua vita sei tu che puoi scegliere cosa è meglio per te. Quindi gestire le redini della tua vita, delle tue scelte, delle tue infinite possibilità di realizzarti malgrado errori commessi nel passato. Non necessariamente per essere felici bisogna essere

su un panfilo, ma sicuramente l'assenza di debiti fa la differenza, la differenza, quella vera nella vita di tutti noi.
Ti invito a riflettere e poi agisci. Solo con l'azione porterai un vero cambiamento nella tua vita. Cerca le persone che possono aiutarti, e contattale, fai domande cercando di capire se veramente possono essere quelle giuste per risolvere il tuo problema.

In questo libro ti ho fornito tanti elementi di valutazione: mettili in pratica tutti, sempre con "le antenne alzate", verifica che le parole siano sempre coerenti con i comportamenti e che questi professionisti o millantatori siano smascherabili. Soprattutto avvicinati a chi agisce in modo etico e trasparente.

Non è detto che potrai anche realizzare un aiuto in denaro, te l'ho ampiamento spiegato e ora sei in grado di fare anche questa valutazione.
Si può cadere nella vita, e c'è il tempo per risollevarsi, per correre di nuovo più veloci di prima.
Se questo scritto ti ha aiutato, leggi anche il mio libro per chi con il saldo e stralcio immobiliare vuole lavorare e guadagnare, potrebbe essere un ulteriore modo per portare la tua vita a un

livello superiore. Quando sei per terra del resto hai solo 2 possibilità: o ti fai forza, ti perdoni e ti rialzi (scelta decisamente consigliata) oppure, non ti resta che scavare. Dato che sottoterra ci andremo inesorabilmente tutti, credo che sia l'alternativa da scartare subito.

E poi diciamoci la verità: guardare gli altri, guardare il mondo dal basso verso l'alto non è la miglior prospettiva, quindi usa anche questo libro per fare leva e sollevarti.
Qui ti ho messo a disposizione "una cassetta per gli attrezzi" per chiunque si trovi nella morsa dei debiti, usa qualsiasi strumento ritieni opportuno per risolvere la tua situazione debitoria e passare dall'altra parte.

Se vuoi veramente, ti assicuro che hai tutto per dare una svolta alla tua vita. Mettiti al lavoro, e sogna, credi profondamente a ciò che sei e a ciò che vuoi, vedrai che i tasselli andranno piano piano al loro posto e i problemi diventeranno un ricordo.
Anche questa volta abbiamo capito che la vita, la nostra vita è solo nelle nostre mani e dato che è una sola abbiamo il dovere di renderla un'esperienza meravigliosa.

I momenti duri e difficili ci saranno sempre, ma se cerchiamo di renderli tali solo perché stiamo salendo al livello superiore ci sarà quell'adrenalina in più rispetto allo scavare verso il basso.
Il mio segreto principale: non mollare mai.
Provaci, aver sbagliato una volta non vuol dire che sarà sempre così. Se ti apri alle opportunità, le opportunità arriveranno.

Ti ricordo che con il giusto supporto puoi passare dalla posizione di esecutato a quella di investitore immobiliare con la tecnica del saldo e stralcio. Per fare ciò è sicuramente necessario che nella prima fase tu ti faccia assistere nel modo corretto, e poi approfondisca come poterti specializzare anche tu in questa meravigliosa professione.

Io adoro potervi aiutare. È una gioia poter ridare una nuova vita a chi pensava di non averla più, e ho ancora più soddisfazione quando mi contattano esecutati che hanno amicizie con chi ho aiutato prima di loro.
Il passaparola è sicuramente il miglior test da superare.

Ringraziamenti

La gratitudine è un'attitudine imprescindibile nella mia vita.
Grazie a te, a tutti voi che mi leggete, mi sostenete e che siete arrivati a questa pagina del libro.
È un onore per me.

Un grazie speciale a mio figlio Edoardo Enrico, che per me sarà sempre il mio "Dodo": vedere i suoi occhi brillare di orgoglio quando parlo della mia passione lavorativa mi rende ancora più forte e convinta che ciò che faccio è la cosa giusta da fare. La sua comprensione per le mie assenze e l'amore dei suoi abbracci sono fonte vitale e gratitudine infinita.
Sicuramente la mia gioia più grande, il regalo più bello che la vita mi ha donato.

Un grazie a Marco, compagno critico e discreto, che mi lascia gli spazi necessari per coltivare tutte le mie passioni e ti confesso prepara sempre cene meravigliose e cucina meglio di uno chef stellato.

Zia Enrica mentore da sempre con la sua positività contagiosa e il suo sorriso che mai ho visto spegnersi, neppure nei momenti più difficili, da lei ho imparato a non mollare mai e a perdonare anche chi ti fa del male perché io sono più importante degli altri, un grazie infinito.

Grazie a mia madre, fervida sostenitrice del motto: "se tu sei felice lo sono anch'io".

Un ringraziamento a Paolo, socio e amico insostituibile anche quando discutiamo furiosamente.

Un grazie ai miei collaboratori, professionisti di spessore, grande preparazione e grande cuore, sempre pronti a sostenermi anche nelle situazioni più avverse. Disponibili e accoglienti con tutte le persone che si rivolgono a noi per cercare una possibile soluzione alle loro situazioni debitorie o esecuzioni immobiliari.

Alfio indiscusso mentore professionale, presenza discreta e insostituibile, gratitudine immensa.

Grazie a chi non c'è più, ma passando nella mia vita ha lasciato un segno indelebile nella mia anima.

Riservo un grazie anche a tutti coloro che hanno dato il loro personale contributo nell'ostacolare la mia crescita professionale e il mio percorso. Con tanto rispetto mi hanno invitato a essere ogni volta la miglior versione di me stessa.

Un grazie speciale a me, alla mia testardaggine, al mio desiderio di aiutare sempre gli altri, fiera e orgogliosa della persona che sono diventata giorno dopo giorno cadendo e rialzandomi ogni volta un po' più forte, perché ciò che non mi spezza mi fortifica.

Un grazie speciale alla vita, e all'immancabile champagne per annegare i pensieri e brindare ai successi, in ogni caso entrambi indispensabili per non annoiarsi.

Una sorpresa speciale per te

Per dimostrarti la mia profonda gratitudine per avermi dato fiducia nell'acquistare e soprattutto nel leggere questa parte di me racchiusa in questo testo, voglio farti un regalo in cambio di un piccolissimo gesto: un'azione che potrà aiutare me e moltissime altre persone che hanno bisogno di prendere in mano la loro vita e risolvere i propri problemi finanziari.

Di che regalo si tratta?

Riceverai un accesso a un'area segreta e riservata dove troverai ulteriori e specifiche informazioni su misura per te.
Sì, certo: potrai avere una consulenza gratuita e personalizzata da me e dalla mia squadra di consulenti nella gestione del debito.

Cosa fare per ottenere questo regalo super esclusivo?

È molto semplice: se ritieni che questo libro ti sia stato utile, se ti è piaciuto e pensi che possa aiutare altre persone, puoi fare in questo modo…

1. Scrivi la tua migliore recensione su Amazon.it o su Audible (anche breve e anche negativa se il libro non ti è piaciuto)
2. Condividi il link della recensione sulla tua pagina di Facebook taggando me o la pagina del libro
3. Fai uno screenshot della recensione e della condivisione Facebook
4. Invia i tuoi screenshot alla mail: libro@armaninilaura.it

Sarà un piacere risponderti e farti accedere all'area super segreta e riservata dove troverai contenuti inediti e potrai anche formulare le tue domande e soddisfare le tue curiosità.

Grazie per essere arrivato fino a qui.
Ti auguro buona vita e ti aspetto dall'altra parte.

Se riscontri problemi con questi passaggi scrivi a:
assistenza@saldoestralcio.casa
www.saldoestralcio.casa

www.ingramcontent.com/pod-product-compliance
Ingram Content Group UK Ltd.
Pitfield, Milton Keynes, MK11 3LW, UK
UKHW022016190726
13853UKWH00005B/1971